La Crianza Práctica de los Hijos

Una guía paso a paso para formar hijos responsables y hogares felices

Ray Burke, Ph.D.
Ron Herron

Boys Town, Nebraska

La Crianza Práctica de los Hijos

Publicado por The Boys Town Press
Father Flanagan's Boys' Home
Boys Town, Nebraska 68010

Copyright © 1998 por Father Flanagan's Boys' Home
Traducción al español: Margarita Cárdenas

 Boys Town Press is the publishing division of Boys Town, a national organization serving children and families.

Publisher's Cataloging in Publication

(Prepared by Quality Books Inc.)

Burke, Raymond V.
    [Common sense parenting. Spanish]
    La crianza práctica de los hijos: una guía paso a paso para formar hijos responsables y hogares felices / Ray Burke, Ron Herron; traducción al español: Margarita Cárdenas. – 1st ed.
    p.cm.

    Translation of: Common Sense Parenting.
    ISBN 0-938510-94-0
    1. Child rearing. 2. Parenting. 3. Parent and child.
I. Herron, Ronald W. II. Father Flanagan's Boys' Home.
III. Title.

HQ769.B87 1998   649'.1
                      QBI97 – 2611

15 14 13 12 11 10

Reconocimientos

La traducción al español de *Common Sense Parenting*® no hubiese sido posible sin el generoso donotiva de SBC Foundation, Ruby Reyna, Pat Rodriguez, Rae Showers, y todo el personal de SBC Foundation has sido de gran apoyo y ha sido un placer trabajar con ellos a lo largo del proyecto.

Muchas gracias a nuestro personal de Boys Town de San Antonio, especialmente a Robert Martinez y a Frank Spinner por sus incansables esfuerzos por obtener fondos para este proyecto, y a Maricela G. White, Debra Ondar e Irene Chapa Por las muchas horas que invitieron revisando el material para mantener una consistencia del programa en los manuscritos en español e inglés.

Un gran agradeciniento para todo el personal de Boys Town, pasado y presente, quienes han contibuido al desarrollo de las ideas que compartimos en las paginas siguientes. Aunque tantos para ser mencionados individualmente, sus contribuiciones personales han puesto los cinientos para *La Crianza Práctica de los Hijos*.

Un especial agradeciniento para todos los padres que han participado en el programa a traves de los años; al personal de *La Crianza Práctica de los Hijos* por sus ideas creativas y su incansable trabajo; y a Boys Town Press por su detallada edición y sugerencias.

For a Boys Town Press catalog, call 1-800-282-6657
or visit our website: boystownpress.org

La Línea Nacional de Boys Town
1-800-448-3000
**Una linea de ayuda y recursos para
hijos y padres entiempos de crisis.**

Contenido

introducción

Usted tiene un trabajo que hacer – el más importante de su vida. Usted es padre o madre. Algunos dicen que este trabajo no es bien pagado. Los beneficios no siempre son los mejores. El horario es pesado. Y el trabajo nunca termina.

¡Pero qué trabajo más maravilloso! Algunos nos miran dudosos cuando decimos que ser padre o madre es una de las experiencias más grandiosas y satisfactorias de la vida. Piensan en la parte pesada: alistar a los niños para la escuela día tras día, lograr que se coman las verduras, llevarlos de aquí para allá, escuchar sus quejas por nuestras "injusticias". Pero estas son cosas superficiales. La paternidad es un paquete grande que trae muchas cosas más. Lo que realmente vale son los lazos de cariño que se van forjando, los principios compartidos y las alegrías que nacen y se disfrutan en el seno familiar.

La mayoría de los padres necesitan y agradecen algunos consejos cuando pasan por momentos difíciles con sus hijos. A veces también dudan de los resultados de sus esfuerzos. Criar hijos no es fácil. Aquí en Boys Town lo sabemos, pues hemos servido de padres para más de 17,000 chicos. En nuestros cursos de *Boys Town's Common Sense Parenting*® hemos enseñado a miles de padres y madres lo que nosotros hemos aprendido.

¿A qué se debe el éxito de *Common Sense Parenting*® (*La Crianza Práctica de los Hijos*)? Nosotros hacemos énfasis en dos cosas: la "cabeza" y el "corazón". La "cabeza" significa un sistema lógico y práctico de instruir a los hijos, en otras palabras, usar ciertos métodos para cambiar el comportamiento de los hijos. El "corazón" significa amor incondicional por los hijos. Lo uno no funciona sin lo otro. Juntos, obran maravillas.

Ningún libro, curso ni programa de instrucción resolverá todos los problemas de una familia. Pero los métodos que usted aprenderá en este libro le darán un plan para cometer menos errores y hacer las cosas mejor en el futuro. Los padres y madres que han aplicado nuestros métodos dicen que se sienten más satisfechos, que ven buenos resultados y que sus hijos tienen menos problemas de conducta.

Usted es el primer maestro o maestra de sus hijos, y el más importante. Nadie debe influir en ellos tanto como usted. Para que sea así, tendrá que dedicarles todo el amor, la paciencia y la energía que tenga. Entonces verá que criar hijos es la vivencia más extraordinaria que usted jamás haya tenido.

Todos los métodos en este libro se basan en un elemento indispensable para la buena crianza de los hijos: pasar mucho tiempo con ellos. Para instruir a los hijos hay que estar con ellos. Y para disfrutar las alegrías de una familia hay que pasar tiempo juntos. Es la única manera. Es el ingrediente indispensable que mantiene la unidad familiar.

Recomendamos usar este libro de la siguiente manera. Cada capítulo en *La Crianza Práctica de los Hijos* explica paso a paso un método para la crianza, y trae ejemplos de cómo usarlo con sus hijos. Recomendamos que usted practique cada uno de los pasos, se los aprenda de memoria y los aplique con frecuencia.

Sabemos que cada situación, cada padre o madre, y cada niño es diferente. Por eso, lo que damos son guías prácticas y sugerencias que usted puede adaptar a su propio caso. Nuestras técnicas sirven para los hijos de todas las edades. Sólo hay que usar sentido común para aplicarlas de acuerdo con la edad y el grado de desarrollo del chico.

El comportamiento que sus hijos tienen ahora es el resultado de cosas que han aprendido toda la vida. No pueden cambiar su conducta de la noche a la mañana. Pero cada vez que aprendan algo, estarán dando un paso adelante. Usted debe felicitarse cada vez que supera alguna dificultad con sus hijos. Pero tenga presente que a veces la conducta empeora antes de comenzar a mejorar. A veces usted sentirá deseos de darse por vencido. No se desanime. Los momentos de duda se irán acabando a medida que usted adquiera nueva confianza en su capacidad para formar a sus hijos. Si persevera, va a salir adelante gracias a su dedicación, paciencia y esfuerzo.

Capítulo 1

¿Castigar o instruir?

Responda a las siguientes preguntas sobre cómo usted trata a sus hijos cuando se portan mal.

- ¿Discute con ellos por su comportamiento?

- ¿Se vale de amenazas, sabiendo que no las va a cumplir?

- ¿Les dice cosas de las cuales se arrepiente más tarde?

- ¿A menudo cede usted a las exigencias de un hijo por evitarse la lucha de bregar con él o ella?

- ¿Le impone un castigo grande por una mala acción que relativamente no fue tan grave?

- ¿Recurre al castigo físico, como bofetadas o nalgadas, porque cree que es lo único que sirve?

Si usted respondió "Sí" a algunas de estas preguntas, es muy posible que esté tratando de criar a sus hijos a punta de castigos. Muchos padres y madres hacen lo mismo. Riñen a sus hijos, les alzan la voz, los hieren de palabra o les pegan. Pero el castigo no es la mejor manera de disciplinar a sus hijos.

Consideramos que un castigo es inapropiado cuando es fuerte y exagerado, violento y dañino. El castigo corporal como golpes, bofetada o puñetazos hace daño emocional y físico.

Otros castigos inapropiados son los gritos, las ofensas, las burlas y el aislamiento. Todos estos castigos afectan el desarrollo del niño.

¿Por qué los padres y madres recurren tanto al castigo inapropiado? Porque así logran que el niño cambie su conducta inmediatamente...pero a la larga producen toda clase de problemas para los hijos y para ellos mismos. Muchas veces, los padres no saben qué hacer en una situación tensa, y reaccionan con ira y frustración. Tal vez temen perder su autoridad y que sus hijos se descontrolen. Tal vez nadie les enseñó otra manera de hacerlo, y simplemente imitan lo que aprendieron de otros.

Abajo damos dos ejemplos de castigos inapropiados.

Felisa hace un dibujo en la pared de la sala con un lápiz rojo. Busca a su mamá y le muestra el dibujo para que lo admire. Mamá le da una nalgada y la encierra en su cuarto una hora.

Miguel está jugando con el video. Juanito no quiere esperar su turno, y lo desconecta. Miguel le pega con una raqueta de ping-pong. Mamá oye la pelea, se le tira a Miguel, lo sacude y le dice: "¡No le pegues a tu hermanito!"

Si usted aplica castigos inapropiados, sus hijos probablemente reaccionarán con mala conducta, gritos, malas palabras o se irán refunfuñando. Quizá se sientan muy mal por el castigo...y usted también. Además, esto no les enseña lo que necesitan aprender para evitar problemas en el futuro.

El castigo inapropiado afecta lo que el niño piensa de sí mismo. Cuando lo ofenden, le gritan o le pegan, se le hace sentir que él o ella no es bueno. Va a querer desquitarse o evitar a la persona que lo castigó.

A veces los castigos se van agravando. Si un castigo no sirve, los padres ensayan otro más fuerte. Por ejemplo, comienzan dando órdenes, luego levantan la voz y por último le pegan al hijo.

El propósito de este libro es mostrarle a usted una manera mejor de instruir a sus hijos, sin recurrir a castigos inapropiados. En *La Crianza Práctica de los Hijos* usamos lo que llamamos "instrucción apropiada." La instrucción apropiada es una manera positiva y eficaz de corregir el mal comportamiento. Para aplicar la instrucción apropiada, siga las siguientes reglas:

- Primero, sea específico. Hágale saber al hijo exactamente qué ha hecho bien y qué ha hecho mal.

- Segundo, sea consecuente. Muéstrele al hijo la relación entre lo que él hace y la consecuencia de sus acciones.

- Tercero, sea concreto. Dele ejemplos claros de cómo mejorar.

- Cuarto, sea positivo. Ayúdele a tener disciplina, a controlar sus propias acciones y su manera de expresar las emociones.

- Quinto, sea interactivo. Déle a su hijo la oportunidad de mostrar lo que ha aprendido. Colabore con él o ella, ayudándole a aprender y acompañándolo en el esfuerzo por lograr sus metas.

- Sexto, sea un maestro. Conviértase en instructor, dándole a su hijo la información que le ayude a resolver problemas.

En una palabra, con la instrucción apropiada sus hijos aprenderán a tener confianza, a llevarse bien con otros y a tomar decisiones.

También aprenderán a actuar con disciplina. Y es más fácil enseñarles con cariño y simpatía que con ira y castigos corporales.

La instrucción apropiada les muestra a los chicos qué hicieron bien y por qué deben seguir haciéndolo; o qué hicieron mal y cómo corregirlo. Usted instruirá bien a sus hijos si es firme pero amable y constante en su trato, y si se expresa con toda claridad.

Capítulo 2

Claridad en la Comunicación

"¡Tienes una mala actitud!"

"¿Qué te crees, Judy? Deja de ser necia".

"Estuviste bien cuando fuimos de compras".

¿Acaso los niños entienden lo que significan estas frases de sus padres?

Como maestros de nuestros hijos, tenemos que hablarles con más claridad. Ciertas palabras como "irrespetuoso", "necio" o "irresponsable" no son claras y concretas. En vez de comunicar, muchas veces confunden al niño.

Un consejo para instruir bien a los hijos es expresarse con claridad. Los padres deben decirle al chico qué hacer y cómo hacerlo. Tienen que decirle cuándo el niño lo ha hecho bien y cuándo se ha portado mal.

Esto significa que los padres tienen que ser específicos. Tienen que describir la conducta del niño con exactitud: describir algo que se puede ver, oír o medir. Las siguientes son algunas descripciones específicas del comportamiento.

"Mi hija habla por teléfono una hora seguida".

"Cuando le pido a mi hijo que haga algo, mira al techo y se va".

"Cuando mis hijos llegan de la escuela, guardan sus libros y preguntan si hay labores caseras para hacer".

Estas descripciones dicen exactamente lo que el padre o la madre vio u oyó. Piense en el siguiente ejemplo: Acostarse en el sofá es una acción o un comportamiento. Es algo que la persona hace. Usted puede medir el tiempo que su hijo dura acostado en el sofá. También puede medir la frecuencia marcando una X en el calendario cada vez que lo hace.

Para que la comunicación sea clara, use palabras que el chico va a entender. Con niños más pequeños, hay que usar frases cortas y palabras sencillas. Conviene describir cosas como las siguientes:

¿De quién se trata? ¿A quién estamos elogiando? ¿A quién estamos corrigiendo?

¿Qué ha sucedido? ¿Qué se cumplió? ¿Qué hay que mejorar o cambiar?

¿Cuándo ocurrió esta acción?

¿Dónde ocurrió?

También es muy importante la manera como nos expresamos.

Primero, el niño debe mirarlo a usted. Para dar y recibir comunicaciones claras, es importante hacer contacto visual.

Segundo, mire usted a su hijo. Así verá cómo él reacciona. Préstele toda la atención al niño.

Tercero, debe expresarse en un tono de acuerdo con la situación. Cuando está corrigiendo, la voz debe ser firme. Cuando está elogiando, debe ser alegre y entusiasta.

Cuarto, elimine las distracciones. Busque un lugar tranquilo donde puedan hablar.

Por último, trate de colocarse de modo que sus ojos estén al mismo nivel de los ojos del niño. Así no lo intimida.

Ahora comparemos unas descripciones vagas del comportamiento infantil con otras descripciones que son específicas.

Primero, una descripción vaga: *"Billy, ¿por qué te comportas como un nene cuando vienen invitados?"*

La madre podría ser más específica, por ejemplo: *"Billy, cuando lleguen los invitados, di 'Buenas tardes', luego puedes ir a jugar a tu cuarto".*

Otra descripción vaga: *"Cuando estemos en la tienda, por favor sé buena chica".*

Esta es la descripción específica: *"Cuando estemos en la tienda, recuerda que no vamos a comprar dulces. Quiero que me ayudes a encontrar las cosas en nuestra lista y ponerlas en el carrito. También puedes empujarlo. ¿De acuerdo?"*

Hay otra cosa importante relacionada con la comunicación clara y específica. El niño tiene que saber que aunque su comportamiento nos desagrada, no dejamos de amarlo. Por eso nos tomamos el trabajo de enseñarle otra manera de actuar. Más tarde, usted verá cómo la comunicación clara le ayudará al elogiar y al corregir a sus hijos.

Capítulo 3

Las
Consecuencias

Todos los días vemos las consecuencias de nuestros actos. Si no cumplimos nuestro trabajo, el jefe nos critica. Si elogiamos a una amiga, ella nos tratará con simpatía. Las consecuencias le enseñan al niño a pensar, a darse cuenta que sus acciones producen ciertos resultados, sean positivos o negativos.

Usted probablemente ha impuesto consecuencias muchas veces. Por ejemplo, le prohíbe a su hijo salir porque ayer llegó tarde, o le ofrece postre solamente después que se coma las verduras. Pero simplemente imponer una consecuencia no va a alterar la conducta del niño. Es necesario que las consecuencias vayan acompañadas de una comunicación clara. Esta combinación, dada con amor y cariño, es muy eficaz.

Hay dos tipos de consecuencias: positivas y negativas.

Las consecuencias positivas son las que agradan, y que la persona se esfuerza por conseguir. Cuando una acción trae una consecuencia positiva, es más probable que esa acción se vuelva a repetir. Los premios y los privilegios son ejemplos de consecuencias positivas.

Las consecuencias negativas son las que desagradan y que la persona quiere evitar. Cuando una acción trae una consecuencia negativa, es menos probable que se vuelva a repetir. Una consecuencia negativa es quitar un premio o privilegio.

Al escoger una consecuencia por el comportamiento de su hijo, ¿qué se debe tener en cuenta?

Primero, la consecuencia tiene que ser importante para el hijo. Concederle o quitarle un privilegio que no le interesa, no va a cambiar su conducta. Observe lo que la niña hace en su tiempo libre. Digamos que le gusta ver dibujos animados, invitar a sus amigas y montar en bicicleta. Estos privilegios diarios y actividades especiales se pueden utilizar como consecuencias.

Segundo, los padres deben imponer la consecuencia lo más pronto posible. Si la aplazan, su efecto será menor y no habrá una relación clara entre la acción y su consecuencia. Si usted le quita tiempo de juego a su hija de cinco años por algo que hizo mal la semana pasada, tal vez ella se confunda pensando que se trata de una injusticia.

Tercero, los padres deben pensar en la frecuencia con que imponen una consecuencia. Si usted impone la misma consecuencia mucho o muy poco, perderá su eficacia. Por ejemplo, si le da una galleta a su hijo cada vez que él le ayuda en la casa, tal vez trabaje como loco por ganarse las galletas unos días, pero con el tiempo se va a cansar de las galletas y no seguirá colaborando.

Cuarto, los padres deben tener en cuenta la magnitud de la consecuencia, y tratar de imponer la más pequeña que sea eficaz. Si le damos al niño consecuencias positivas grandes por acciones muy pequeñas, podemos "malcriarlo"– el chico recibe demasiado a cambio de hacer muy poco. Igualmente, si le imponemos consecuencias negativas grandes por acciones que no son graves, el chico puede sentirse fustigado.

Por último, los padres deben conceder el privilegio solamente después que el niño haya cumplido una tarea específica. Por ejemplo, permitir que llame a sus amigos sólo después de lavar la loza. Si le damos permiso de llamarlos antes, ¡los platos se quedarán sin lavar!

A veces los padres y madres nos cuentan que las consecuencias que usaron no dieron buenos resultados. Puede ser que el niño tenga problemas demasiado graves para los padres y en ese caso necesitan consejo profesional.

Pero a veces las consecuencias no funcionan por otros motivos.

Primero, algunos padres dan muchas consecuencias negativas y muy pocas positivas. Entonces se hacen antipáticos y sus hijos buscarán consecuencia positivas por otro lado.

La segunda razón es que los padres no siempre dan tiempo para que las consecuencias funcionen. El comportamiento actual de sus hijos es algo que aprendieron poco a poco. Tenga paciencia, porque las mejoras también vendrán poco a poco.

Otra razón es que los padres confunden privilegios con derechos. Los niños tienen ciertos derechos, como comida, comunicación y vestido. Otras cosas como ver televisión, salir con los amigos, recibir dinero para gastos y usar las cosas de la familia son privilegios que requieren la aprobación y supervisión de los padres. En el próximo capítulo damos una lista de premios para ayudarle a identificar los privilegios que usted puede usar como consecuencias para sus hijos.

Se aconseja planear de antemano cuáles serán las consecuencias positivas y negativas. Una consecuencia no debe caer de sorpresa. Es apenas justo que su hijos sepan qué van a recibir si se portan bien y si se portan mal. Algunas personas fijan una lista de consecuencias en la puerta del refrigerador o en el cuarto de los niños.

Al imponer una consecuencia, recuerde lo siguiente:

- **Primero, sea claro.** Que el hijo sepa exactamente cuál es la consecuencia y por qué se la mereció.

- **Segundo, sea constante.** No se puede imponer una consecuencia grande por cierta acción y luego no imponer nada la próxima vez que ocurre.

- **Tercero, sea breve.** No les dé sermones, especialmente cuando los niños están más pequeños.

- **Cuarto, cumpla.** Si fija un plan para que su hija reciba una consecuencia positiva, tiene que darle la consecuencia cuando ella cumpla la buena acción. De la misma manera, si fija una consecuencia negativa, no deje de aplicarla porque su hija le rogó. Si más tarde le parece que su consecuencia no fue razonable, o que la impuso por ira, pida disculpas y cámbiela. Evite las advertencias. Una advertencia no es más que la amenaza de imponer una consecuencia. Por ejemplo, usted dice: "Dejen de pelear por ese juguete, o se lo quito". Si los chicos siguen peleando, hay que quitarles el juguete. Ellos se dan cuenta cuando sus padres no cumplen, y dejarán de hacer caso de las advertencias.

- **Por último, el trato que demos al chico debe ser conforme a la consecuencia.** Si es una consecuencia positiva, muestre simpatía y entusiasmo. Si es negativa, muéstrese tranquilo, sin alterarse. Al aplicar una consecuencia negativa no es bueno levantar la voz ni gritar. Los hijos no escuchan las palabras; solamente captan la ira.

Capítulo 4

Consecuencias Positivas

Las consecuencias positivas son una gran ayuda para los padres porque refuerzan el buen comportamiento. Las consecuencias positivas también se llaman premios o recompensas. Un premio es algo que le agrada a la persona. Por tanto, cuando hablamos de "premios" nos referimos a cualquier consecuencia que motiva al chico a repetir un comportamiento.

Algunos piensan que esto es sobornar al hijo para que haga lo que debería hacer de todas maneras. Se equivocan. Sobornar es dar un premio para que un hijo deje de portarse mal. Darle un dulce cuando está con pataleta en el mercado para hacerlo callar, es soborno. Si ocurre con frecuencia, el niño aprenderá a exigir un premio antes de actuar como debe. En cambio, los premios o recompensas se dan por un buen comportamiento que queremos que se repita. Recuerde: Las consecuencias positivas solamente se dan por acciones positivas.

A continuación damos una lista de consecuencias positivas que otros padres y madres han usado con sus hijos. Usándolos como guía, identifique las cosas que a sus hijos les agradan y escríbalas en un papel. Tenga la lista a la mano hasta que tenga una idea clara de qué consecuencias positivas funcionan con sus hijos.

Actividades – ¿Qué actividades diarias le gustan al niño? ¿Jugar juegos de video, jugar fútbol, ver televisión o leer?

Posesiones – ¿Qué objetos le gustan a la niña? ¿Camisas de colores, muñecas, tarjetas de béisbol, comics, cassettes de música?

Actividades especiales – ¿Qué actividades especiales le gustan al niño? ¿Ir a un partido, a cine o al zoológico? ¿Invitar a un amigo a dormir?

Comida – ¿Cuáles son las comidas y bebidas que más le apetecen? ¿Rositas de maíz, helados, pizza, refrescos, dulces, galletas, jugos?

Personas – ¿Con quién le gusta estar? ¿Con usted, con los amigos, abuelos o primos, con maestros?

Atención – ¿Qué muestras de atención específicas le agradan a la niña? Por ejemplo abrazos, sonrisas, dedicarle tiempo, elogios, besos, exclamaciones de agrado.

Algunas personas creen que deben comprar algo cada vez que el niño se porta bien. No es así. La atención, los elogios y las palabras de ánimo son las consecuencias más positivas – ¡y no cuestan nada!

La siguiente lista incluye algunos ejemplos de consecuencias positivas que no cuestan nada.

- Dejarlo trasnochar

- Dejarle la radio prendida por la noche

- Invitar a una amiga

- Dejarlo dormir abajo o afuera

- Dejar que juegue un juego de video

- Quitarle alguna de sus labores caseras

- Ir de pesca con los padres

- Hacer un picnic dentro de la casa

Recuerde las características que una consecuencia debe reunir para que produzca buenos resultados: importancia, inmediatez, frecuencia, magnitud y contingencia. Abajo mostramos algunas consecuencias positivas apropiadas para ciertos comportamientos.

Comportamiento: Durante seis fines de semana seguidos, su hija de 16 años regresa a casa a la hora prevista, sin falta.

Consecuencia: El permiso de salida se le alarga en 30 minutos más.

Comportamiento: Su hijo de 10 años termina las tareas tan pronto llega de la escuela.

Consecuencia: Se le deja jugar afuera 30 minutos.

Comportamiento: Su niña de cuatro años se pone la piyama y se acuesta a la hora que es.

Consecuencia: Usted le lee un cuento esta noche, y mañana papá la lleva hasta la cama en los hombros.

Comportamiento: Sus hijos de 7 y de 11 años juegan muy amigablemente.

Consecuencia: Usted les prepara rositas de maíz mientras ven una película que usted ha escogido.

Recuerde, cuanto más aplique usted las consecuencias positivas, más comportamiento positivo verá. A veces el mejor premio para los hijos es simplemente la atención positiva y los elogios de sus padres.

Capítulo 5

Consecuencias Negativas

"¡No hago lo que no me dé la gana!"

"Solamente llegué una hora tarde. ¿Cuál es el problema?"

"¿Por qué tengo que arreglar mi cuarto? Mis amigas no tienen que hacerlo".

Nuestros hijos van a decir y hacer cosas que nos disgustan. En tal caso, deben recibir consecuencias negativas. Este capítulo tratará de dos tipos de consecuencia negativa: quitar privilegios o agregar labores caseras.

Cuando se presenta una mala acción, un tipo de consecuencia negativa consiste en quitar un privilegio. La consecuencia debe ir de acuerdo con el comportamiento (al igual que las consecuencias positivas). Por ejemplo, si su hija adolescente llega a casa una hora tarde, usted puede quitarle parcialmente un privilegio.

Si el problema es frecuente, puede retirarle el privilegio del todo. Por ejemplo, puede decirle: *"Sara, como llegaste una hora tarde, mañana tendrás que regresar una hora más temprano"*.

Con los niños pequeños, el retiro de privilegios por tiempo corto trae muy buenos resultados. Se puede emplear lo que llamamos "Tiempo Quieto". Esta es una manera de disciplinar al niño sin levantarle la mano ni la voz. El Tiempo Quieto consiste en que el niño se queda sentado en algún sitio por cierto tiempo.

Funciona de la siguiente manera: Tan pronto como ocurre una mala acción, usted le describe esa acción al niño y lo lleva (o lo envía) a hacer Tiempo Quieto. Dígale esto con tranquilidad y una sola vez. No trate de razonar ni amenazar ni darle nalgadas. En este momento, no debe prestarle mucha atención al niño.

Tenga un lugar apropiado para el Tiempo Quieto. No tiene que ser siempre el mismo lugar. Puede ser un asiento en la cocina, un sofá, un banco o las gradas. El lugar debe ser seguro, bien alumbrado y sin distracciones como televisión o juguetes.

Antes de usar el Tiempo Quieto por primera vez, explíquele a su hijo qué es, para qué acciones se va a imponer y cuánto va a durar. Por ejemplo, puede decirle: *"Cuando yo te digo que guardes los juguetes y tú comienzas a llorar y a tirarlos, tendrás que sentarte tres minutos en una silla en la cocina. Yo pondré la alarma del horno, y cuando suene podrás levantarte"*. Practique haciendo que el niño vaya a sentarse cuando usted se lo pida.

Por lo general, un chico debe pasar un minuto de Tiempo Quieto por cada año de edad. En otras palabras, si tiene tres años el Tiempo Quieto durará tres minutos.

Durante el Tiempo Quieto, el niño o niña debe permanecer tranquilo y callado en la silla. Si se queja, llora o patalea, eso no cuenta como Tiempo Quieto. En cambio, si se retuerce un poco en el asiento o habla en voz baja, este tiempo probablemente sí debe contar. Si la niña está quieta y usted pone a andar el tiempo, pero luego ella comienza a llorar o patalear otra vez, espere a que se tranquilice y vuelva a comenzar el tiempo.

Para que el Tiempo Quieto se acabe, el niño tiene que permanecer sentado y tranquilo. Si decide que basta ya, y se levanta de la silla, tranquilamente hágalo regresar. Si esto se repite varias veces (cosa usual al principio), devuélvalo a la silla cada vez. Si usted se cansa o tiene que hacer otras cosas, puede decirle al chico que se levante de la silla y se le aplicará otra consecuencia. Puede quitarle la oportunidad de usar algún juguete, o puede despachar a sus amiguitos a sus casas, o apagar la televisión por cierto tiempo. En otro momento cuando el niño esté más tranquilo, practique Tiempo Quieto con él. Repita hasta que el niño comience a quedarse tranquilo en las verdaderas situaciones de Tiempo Quieto.

Es muy posible que al comienzo, al niño le dé por llorar, decir cosas desagradables o crear desorden. Mientras no haga algo peligroso para sí mismo, para usted o para el hogar, no le haga caso. El comportamiento negativo generalmente es un intento por hacer quitar el Tiempo Quieto.

Cuando el Tiempo Quieto se cumple, pregúntele al niño: *"¿Estás listo para levantarte?"* Debe responder que sí de alguna manera agradable. Puede ser un simple gesto con la cabeza o la palabra "sí". Entonces usted le indica que se acabó el Tiempo Quieto.

Otro método para inculcar responsabilidad es agregar labores caseras. En algunos casos, la faena se relaciona directamente con el problema – por ejemplo que su hija aspire el tapete después que lo ha pisado con los zapatos sucios. Pero también se pueden agregar labores que no se relacionen con la acción. Por ejemplo, su hijo llega tarde. Cuando usted le pregunta por qué, él comienza a alegar y a justificarse. Una vez que se tranquiliza, usted le hace saber que mañana no podrá salir por la noche porque llegó tarde (la pérdida de este privilegio es una consecuencia relacionada con la acción). Además, usted le dice que por haber alegado con usted, tendrá que ayudar a limpiar el garaje (una faena que no está relacionada).

Abajo damos un par de ejemplos de labores caseras que se pueden usar como consecuencias.

- Su hija rompe el juguete de una amiga. Para enseñarle a ser responsable, ella tendrá que cumplir algunas labores adicionales en la casa, y así ganar con qué reponer el juguete.

- Sus dos hijos están peleando por el teléfono. La consecuencia para ambos es que doblen la ropa limpia juntos y hablen sobre cómo turnarse el teléfono.

Agregue labores caseras en áreas diferentes de las labores que los chicos hacen normalmente como parte de sus obligaciones familiares. Tenga en cuenta la edad y capacidad del niño, y adapte la consecuencia para que vaya de acuerdo con la severidad del comportamiento problema. Acuérdese de aplicar la consecuencia más pequeña que sea necesaria para cambiar la conducta.

Una cosa que funciona bien, según nos cuentan los padres, es el "frasco de labores caseras". Los padres escriben varias labores en pedacitos de papel y los colocan en un frasco. Cuando sus hijos se portan mal, deben escoger una tarea del frasco. Funciona mejor si los padres les explican de antemano qué es el frasco y cómo se usa.

A veces los padres cometen el error de creer que una consecuencia es negativa cuando no lo es. Por ejemplo, una madre nos dijo que su hijo de seis años siempre se retorcía y hablaba en la iglesia. Ella le dijo que si seguía causando problemas, no lo volvería a llevar. El niño siguió retorciéndose y hablando más que nunca. ¡No quería ir a la iglesia! Su madre le había dado una consecuencia positiva por su mal comportamiento.

Le sugerimos una de las siguientes medidas:

Quitar un privilegio – si el niño está inquieto y ruidoso en la iglesia, no podrá hablar con su amigo cuando terminen los servicios.

Agregar una tarea casera – si el niño está inquieto y ruidoso en la iglesia, tendrá que ayudarle a Mamá a limpiar la cocina.

La madre aplicó ambos métodos...y funcionaron. El niño aprendió a estarse tranquilo en la iglesia.

Un problema con las consecuencias negativas es que a veces los padres no saben cuándo parar. Si una consecuencia no funciona, ensayan otra más fuerte pero no necesariamente mejor.

Por ejemplo, el papá de Anita le dijo que ordenara su cuarto. Como ella no lo hizo, el padre le quitó los privilegios del teléfono un fin de semana. Al día siguiente el cuarto estaba desordenado. Por eso perdió una semana de privilegios de televisión. El cuarto no se arregló y el padre se sintió más enojado y frustrado. Agregó otro mes sin privilegios de teléfono, otra semana sin televisión y le dijo que la chica no podría salir de su cuarto hasta que éste estuviera impecable.

Como las consecuencias impuestas por el padre no eran razonables (y eran imposibles de cumplir), le sugerimos que hablara con Anita y fijara el siguiente plan:

1. Él le ayuda a Anita a arreglar el cuarto.

2. A cambio, Anita le ayuda a arreglar el garaje.

Si se cumplen ambas partes del plan, Anita recupera sus privilegios. Para ayudarle a mantener el cuarto siempre arreglado, nosotros le ayudamos al padre a establecer un nuevo plan: Cada día que Anita arregla su cuarto, se le deja usar el teléfono y ver su programa de televisión preferido. Esta solución práctica funcionó.

Las consecuencias negativas pueden funcionar bien o mal según cómo se administren. La experiencia nos dice que los hijos responden mejor y aprenden más cuando los adultos son amables y positivos, incluso en el momento de dar consecuencias negativas. Para instruir bien a los hijos, es importantísimo conservar la calma. Sin embargo, los padres nos dicen que esta es una de las cosas más difíciles para ellos. Por esta razón, el Capítulo 9 trae sugerencias para ayudarle a usted a conservar la calma en momentos de tensión con sus hijos.

Capítulo 6

Los Elogios Eficaces

Los elogios son como los alimentos. Le ayudan al niño a crecer emocionalmente, así como la comida le ayuda a crecer en lo físico.

Desafortunadamente, a veces es más fácil ver los errores y faltas de los hijos que sus aciertos. Hay que esforzarse por ver las cosas buenas que nuestros hijos hacen. Si los elogiamos con frecuencia, con el tiempo veremos claramente que su comportamiento va mejorando. La atención positiva que acompaña los elogios les hace sentir nuestro amor e interés por ellos.

Busque oportunidades para elogiar a sus hijos, concentrándose en los siguientes aspectos:

Primero, busque cosas que sus hijos ya están haciendo bien. Tal vez ya se levantan temprano, o limpian su cuarto o apagan la luz al salir de un cuarto.

Elógielos por esta conducta y es muy probable que la sigan repitiendo.

Segundo, esté atento para reconocer cualquier mejora, aunque sea pequeña. Por ejemplo, cuando su hija estaba aprendiendo a caminar usted probablemente le elogiaba cada avance, desde el día en que se paró sola hasta que dio el primer paso inseguro, y luego cuando dio una serie de pasos. Use este mismo sistema cuando sus hijos van aprendiendo otras cosas.

Tercero, elógielos por sus intentos positivos de dominar una nueva destreza. Podemos mostrar entusiasmo y atención cuando los hijos intentan cosas buenas en muchos aspectos de la vida... y a cualquier edad. Por ejemplo, cuando aceptan las críticas sin discutir, cuando reconocen sus errores, ofrecen ayudar, atienden a los invitados, hacen amigos. Aproveche cada oportunidad para reconocer los intentos positivos por dominar una nueva destreza. Elógielos por el hecho de intentarlo.

La manera más fácil de elogiar a alguien es decirle algo como: "Fantástico", "Muy bien" o "Está bien, sigue así". Esto es lo que llamamos elogios generales. Son expresiones que reflejan nuestro cariño y aprobación y animan a los niños a hacer bien las cosas.

Pero podemos dar elogios mejores que los elogios generales. Agregando unos pasos, nuestros elogios serán más estimulantes para los chicos. Por eso distinguimos entre los elogios generales y lo que nosotros llamamos "Elogios Eficaces".

Los Elogios Eficaces tienen tres pasos: mostrar aprobación, describir lo positivo y dar una razón.

Paso 1. Mostrar aprobación.

Hay muchas palabras que expresan nuestro agrado por la conducta del niño. Muestre entusiasmo. Diga cosas como: *"¡Genial!"*, *"¡Fabuloso!"*, *"¡Buenísimo!"* *"¡Perfecto!"*, *"¡Por eso te quiero!"*, *"¡Estoy admirada!"*

También hay muchas acciones que expresan nuestra aprobación:

Abrazar a los niños... besarlos... alzarlos... guiñarles el ojo o sonreírles... hacerles la señal de "¡arriba!".

Paso 2. Describir lo positivo.

Después de dar un elogio, describimos las acciones específicas que nos agradaron. El niño tiene que entender lo que hizo para que pueda repetir el comportamiento en el futuro. Por ejemplo: *"Susie, gracias por lavar la loza y ayudarme a guardar los sobrados"*. O bien: *"Toño, me gusta que te hayas lavado las manos después de ir al baño"*.

Recuerde: use palabras que los hijos entiendan. Sea breve y directo.

Paso 3. Explicar la razón.

Al hijo le conviene saber por qué una acción es buena para él o para otros. Esto le ayuda a entender la relación entre su comportamiento y lo que le sucede después.

Por ejemplo, si su hijo adolescente arregla el cuarto de juego, explíquele por qué esa acción es buena.

"Limpiar el salón de juego nos ahorró mucho tiempo. Ahora todo estará listo antes que lleguen los invitados".

Usted puede darle al hijo muchas razones de por qué su ayuda es importante: *"Ayudar a otros es una gran ventaja. Si lo haces en el trabajo tu jefe estará más dispuesto a darte un aumento".*

O le puede decir: *"Como me ayudaste, tendré más tiempo para llevarte adonde tu amigo cuando quieras. Si no me hubieras ayudado, tal vez no habría tenido tiempo".*

A continuación describimos algunos comportamientos de los hijos y las explicaciones que sus padres han dado de por qué son buenas.

- Es importante aceptar críticas de tu maestra. Así ella sabe que te haces responsable de los errores en tu tarea, y estará más dispuesta a ayudarte con problemas en el futuro.

- Cuando llegues a casa temprano, voy a confiar más en ti y probablemente te deje salir con más frecuencia.

- Es bueno compartir tus juguetes con tus amigos porque ellos probablemente compartirán contigo también.

De vez en cuando, podemos agregarle al Elogio Eficaz un cuarto paso, que es conceder un premio. Cuando cierta conducta nos agrada mucho, o si el niño ha progresado mucho en cierto aspecto, podemos premiarlo con un privilegio especial.

Los premios pueden ser grandes o pequeños. Pero el tamaño del premio tiene que ser apropiado para la conducta que queremos estimular.

Veamos un ejemplo de un Elogio Eficaz: Su hijo adolescente acaba de llamar a avisar dónde se encuentra.

Paso 1. Mostrar aprobación.

"Gracias por llamarme".

Paso 2. Describir lo positivo.

"Me alegra mucho que hayas llamado a decirme dónde estás y por qué te vas a demorar un poquito".

Paso 3. Explicar la razón.

"Cuando me llamas, sé que puedo confiar en ti".

Aquí el muchacho aprendió específicamente qué fue lo que hizo bien y por qué era tan importante. Usted aumentó las posibilidades de que vuelva a llamar la próxima vez.

Ahora, otro ejemplo:

Paso 1. Mostrar aprobación.

"¡Bien hecho, Ricardo!"

Paso 2. Describir lo positivo.

"Hiciste las tareas antes de ver televisión".

Paso 3. Explicar la razón.

"Ahora no tendrás que hacerlas tarde en la noche".

Como cuarto paso opcional, también le podemos dar un premio.

"¿Quieres rositas de maíz mientras ves la película?"

Algunos padres y madres nos dicen que elogian a sus hijos pero que esto no les hace cambiar de conducta. Generalmente encontramos que solamente dan elogios cuando su hijo logra algo muy fuera de lo común o en ocasiones especialísimas. Les sugerimos que busquen cosas pequeñas para elogiar también. Cuando los padres buscan atentamente las mejoras pequeñas, notan muchos cambios positivos en la conducta. Además, sienten que se llevan mejor con sus hijos. Esto no es coincidencia. El elogio trae resultados.

Otros padres nos han preguntado: *"¿Por qué debo elogiar a mi hijo por algo que es su obligación hacer?"* Nosotros les contestamos con otra pregunta: *"¿A usted le gusta que otros reconozcan lo que usted hace bien, aunque sea su obligación?"* A los chicos, lo mismo que a nosotros, les gusta oír que han hecho algo bien.

También algunos padres nos dicen que elogian a sus hijos con frecuencia pero que esto no parece tener ningún impacto. ¡Son padres que dan elogios por todo! Sus elogios no son condicionales: es decir, no dependen del buen comportamiento del hijo. Los elogios pierden su impacto si se dan todo el tiempo aunque el niño no haya hecho nada positivo.

Los Elogios Eficaces son frecuentes y condicionales. ¡Por eso funcionan! Los padres dan elogios y ánimo por cosas muy específicas que sus hijos han hecho. Esta atención a las acciones específicas estimula al niño para que vuelva a repetirlas.

Capítulo 7

instrucción Preventiva

Hay un viejo refrán, "Más vale prevenir que curar", que viene muy al caso en la formación de los hijos. Nosotros prevenimos mediante la Instrucción Preventiva. Usted probablemente la ha usado en alguna forma – por ejemplo al enseñarle a su hijo a cruzar la calle o qué hacer en caso de una emergencia. La Instrucción Preventiva es enseñarle a su hijo o hija lo que necesitará saber para alguna situación futura y hacerlo practicar de antemano.

Hay dos tipos de situaciones en que se puede aplicar la Instrucción Preventiva:

1. Cuando su hijo va a aprender algo nuevo.

2. Cuando su hijo va a afrontar una situación difícil que ya se ha presentado antes.

En cada caso, aplique la Instrucción Preventiva antes que su hijo se encuentre en la situación de aprendizaje nueva o en el problema previsto. Por ejemplo, si su hija le alega cada vez que usted le dice que cuelgue el teléfono, puede aplicar la Instrucción Preventiva antes que ella haga la llamada, para que practique cómo responder correctamente cuando usted le pida que cuelgue. Es mejor usar la Instrucción Preventiva cuando el hijo esté tranquilo y atento, no después de un mal comportamiento ni cuando esté disgustado.

La Instrucción Preventiva es un concepto sencillo pero la mayoría de los padres no la aprovechan lo suficiente. Abajo citamos algunos casos en que los padres pueden dar Instrucción Preventiva para situaciones que su hijo afrontará por primera vez:

- Presentarse para un equipo deportivo.

- Pedir disculpas por haber peleado.

- Presentar un trabajo delante de la clase.

- Las siguientes son situaciones en que convendría una Instrucción Preventiva antes que se repitan:

- Suspender el juego y entrar a casa cuando lo llaman.

- Estarse tranquila sin pedir dulces en la tienda.

- Decir "No" si alguien le ofrece una bebida alcohólica.

La Instrucción Preventiva incluye tres pasos: mensajes claros, razones que los chicos entiendan, y un paso nuevo: practicar. Practicando, sus hijos tienen la oportunidad de ver cómo van a aplicar el método antes que se presente la situación.

Veamos los pasos de la Instrucción Preventiva en un ejemplo. Su hijo va a salir a jugar. En ocasiones anteriores difícilmente ha entrado cuando usted lo llama.

Paso 1. Describir lo que usted quiere.

"Roberto, cuando te llame a comer hazme saber que oíste diciendo 'Bueno', y luego ven inmediatamente".

Paso 2. Dar una razón.

"Si vienes inmediatamente, tal vez tengas tiempo de jugar después de comida".

Paso 3. Practicar.

"Supongamos que yo te acabo de llamar. ¿Qué vas a decir y hacer?" (Roberto responde *"Bueno"* y dice que va a entrar.)

"¡Perfecto! Ahora anda y te diviertes. Acuérdate de venir inmediatamente cuando te llame".

Analicemos los pasos para ver por qué cada uno es importante.

Paso 1. Describir lo que usted quiere.

Para que sus hijos puedan hacer lo que usted quiere, tienen que saber lo que espera de ellos. Sea específico al describir lo que quiere que hagan. Asegúrese de que entiendan.

Paso 2. Dar una razón.

Las razones le explican al niño por qué son buenas sus nuevas destrezas o conducta apropiada, y cómo la conducta inapropiada le perjudica. Las mejores razones son las que se relacionan directamente con él. Si le decimos al niño: *"Hazlo porque yo te digo"*, esto no es una razón sino una orden. No le muestra ninguna relación entre sus acciones y los futuros beneficios para él.

Paso 3. Practicar.

Saber qué hacer es una cosa; pero ser capaz de hacerlo, es otra. Toda destreza nueva requiere práctica. Usted puede decirle a su hijo cómo montar bicicleta pero esto no asegura que sea capaz de montarse y salir pedaleando. Igualmente, usted puede decirle a su hija cómo evitar al patán de la clase, pero le irá mejor si usted le da la oportunidad de practicar lo que debe hacer y decir en esa situación. Para hacer bien cualquier cosa, se necesita práctica.

A veces los hijos se resisten a practicar, especialmente si les estamos enseñando una destreza nueva. Pero con la práctica, van superando la vergüenza y se sienten más capaces de manejar una situación. Anímelos mientras practican y elógielos mucho por sus intentos.

Cuando practique con sus hijos menores, trate de que sea divertido y también realista. A los pequeños les gusta imaginarse cosas y desempeñar diferentes papeles. Con niños mayores y adolescentes, a veces es más difícil que practiquen. Para comenzar, diga algo como: *"Muéstrame cómo manejarías..."* o bien: *"Bueno, cuéntame qué le dirías a...*" Esto les da la oportunidad de mostrar su habilidad sin sentir que usted los está tratando como nenes.

Terminada la práctica, elogie aquello que su hijo hizo bien y anímelo para que trabaje en los aspectos que debe mejorar. No pretenda que sea perfecto la primera vez que practica.

Si está practicando una destreza complicada o una situación difícil, por ejemplo cómo decir "No" ante la insistencia de los amigos o cuando alguien le ofrece droga, nunca prometa que la situación real resultará perfecta. Recuérdele que está practicando posibles maneras de manejar una situación y que el resultado no siempre será igual al de la práctica. No podemos garantizar el éxito de nuestros hijos en cada situación, pero sí podemos mejorar sus probabilidades.

Después de usar la Instrucción Preventiva varias veces para enseñar una destreza, quizá el ninó sólo necesite que se le recuerde. Un recuerdo preventivo sería el siguiente: Usted ha practicado con su hija cómo conservar la calma cuando sus amigas la molestan. Antes que salga a jugar, usted le dice: *"Recuerda, Ana María, quédate tranquila tal como practicamos. No digas nada, y respira hondo. Luego aléjate si es necesario"*.

Veamos más ejemplos de Instrucción Preventiva:

Érica, de cuatro años, grita y patalea cuando le disgustan las decisiones de sus padres. Su madre aplica la Instrucción Preventiva para enseñarle a conservar la calma en vez de patalear.

Paso 1. Describir lo que usted quiere.

"Érica, a veces cuando yo te digo "No", tú discutes, lloras y tiras los juguetes. En vez de pelear conmigo cuando estás disgustada, quiero que hagamos un juego. Haz de cuenta que estás soplando velitas, y soplas así". (Mamá le muestra cómo aspirar profundamente y soplar unas velas imaginarias.)

Paso 2. Dar una razón.

"Al apagar las velas imaginarias, me muestras que estás disgustada pero no te traes problemas como sucede cuando tienes una pataleta. Luego, cuando termines de apagar todas las velas, podemos hablar de por qué estás disgustada. ¿De acuerdo?"

Paso 3. Practicar.

"Ahora, haz de cuenta que estás disgustada porque te dije que no te doy una galleta. Muéstrame cómo soplarías las velas para mostrarme que estás disgustada." (Érica aspira profundamente y hace de cuenta que está apagando las velas tres veces.)

"¡Muy bien! Apaga esas velas cada vez que estés disgustada. Entonces podemos hablar de por qué estás molesta".

Carlos, de 14 años, va a ir al cine con una chica por primera vez. Su padre quiere enseñarle a ser cortés y a abrirle la puerta a la chica.

Paso 1. Describir lo que usted quiere.

Papá dice: *"Bueno, Carlos, quiero hablarte de algunas cosas antes que vayas al cine con Michelle. Primero, quiero que saludes a la mamá y te presentes. Salúdala de mano y dile algo como: 'Buenas tardes. Me llamo Carlos. Mucho gusto de cono-cerla, Sra. Ramírez'. Luego quiero que le abras la puerta a Michelle para que ella pase primero. ¿De acuerdo?"*

Carlos responde: "*Todo va a estar bien, Papá. No sé por qué le das tanta importancia*".

Paso 2. Dar una razón.

Papá: "*Porque si le hacees buena impresión a la mamá, tal vez te deje salir con Michelle otra vez. Y si tratas a Michelle con respeto, tal vez te acepte otra invitación al cine*".

Paso 3. Practicar.

"*Ahora digamos que yo soy la Sra. Ramírez. Muéstrame cómo la saludas cuando ella sale a la puerta. Acuérdate de mirarme y saludarme de mano*". (Carlos saluda de mano a su padre y se presenta.)

"*Bueno, ahora yo soy Michelle. Muéstrame cómo me abrirías la puerta*". (Carlos abre la puerta para su padre.)

"*Excelente, Carlos. Seguro que la mamá de Michelle va a estar muy impresionada*".

La Instrucción Preventiva es un recurso valioso para padres e hijos. Sirve para darles confianza a sus hijos, mostrándoles que sí son capaces de cambiar su conducta y tener éxito. Y lo que es quizá más importante, la Instrucción Preventiva permite que usted y su hijo se esfuercen juntos por alcanzar sus metas.

Capítulo 8

Expectativas Claras

Cuando nosotros preguntamos a los padres por qué toman nuestros cursos de *Boys Town's Common Sense Parenting*®, muchos responden que quieren menos conflictos con sus hijos. Por ejemplo, dicen que no quieren que el niño tenga una pataleta cuando le dicen que arregle su cuarto. En cambio, sí quieren que diga "Está bien" y que lo arregle inmediatamente. El "Sí" y el "No" son ejemplos de cosas que los padres esperan de sus hijos. Este capítulo habla de esas expectativas: cómo formarlas, cómo aclararlas y cómo estimular al niño para que las vaya cumpliendo.

El primer paso para lograr expectativas claras es identificar las que ya existen en su familia. Nosotros hemos identificado cinco tipos de expectativas que los padres tienen con sus hijos. La siguiente lista muestra las categorías que otros padres han usado para organizar y presentar sus expectativas.

Primero, hay expectativas sociales – cómo llevarse bien con los demás, maneras de saludar y conversar, o seguir instrucciones en casa. Segundo, hay expectativas académicas – hacer las tareas, respetar a los maestros y administradores, obedecer las reglas de la escuela.

Tercero, hay labores familiares como limpiar su cuarto, ayudar a la hora de la cena, recoger o ayudar con las labores exteriores.

Cuarto, hay expectativas relacionadas con el arreglo personal y la higiene – bañarse, usar ropa limpia, guardar los objetos personales.

Por último, hay expectativas religiosas – ir a la iglesia, decir las oraciones, ofrecerse para actividades voluntarias o ayudar a otros.

En una hoja de papel, anote algunas de las expectativas que tiene para sus hijos.

Ya que tiene algunos ejemplos propios, pregúntese: ¿Estas expectativas son apropiadas para la edad, las capacidades y los recursos de mis hijos?

Hay límites a lo que podemos esperar de niños de diversas edades. Por ejemplo, es razonable esperar que una niña de seis años aprenda a poner la mesa. Necesitaría instrucción y ayuda pero es una expectativa razonable. En cambio, no sería razonable pretender que la misma niña de seis años prepare la comida.

¿Cómo sabemos si una expectativa es razonable o no? Si usted responde "Sí" a las tres preguntas siguientes, entonces la expectativa probablemente es razonable para su hijo.

1. ¿Les ha enseñado a sus hijos las destrezas necesarias para cumplir la expectativa?

Este libro le enseña a usar la Instrucción Preventiva o Correctiva para enseñar a los niños las diferentes destrezas que necesitarán para salir bien. No es razonable esperar que ellos dominen una destreza si usted no se la ha enseñado.

2. ¿Son capaces de entender la expectativa?

Una manera de ver si han entendido es pedirles que describan en sus propias palabras lo que les hemos dicho. Por ejemplo, su hija de seis años probablemente podrá repetir las instrucciones de dónde y cómo poner los platos y cubiertos. Tal vez no use las mismas palabras que usted usó, pero su descripción indicará si la expectativa era clara.

3. ¿Son capaces de demostrar lo que usted espera de ellos?

Pídale al niño que le muestre lo que usted le ha enseñado. Si es capaz de demostrar la faena bastante bien, entonces probablemente puede cumplir la expectativa,

Aquí hay algunos ejemplos de expectativas para los hijos mayores:

- Cuando hayas terminado las tareas y las hayas revisado, podrás ver televisión o usar el teléfono.

- Cuando estudies o leas por lo menos una hora todas las noches de domingo a jueves, tendrás permiso para salir el viernes o sábado en la noche.

- Para usar el auto, pídelo por lo menos con un día de anticipación. Tráelo con la misma cantidad de gasolina y lávalo de buena gana cuando nos parezca necesario.

- Por favor limita tus llamadas telefónicas a cuatro llamadas de 15 minutos cada noche. Todas las llamadas terminarán antes de las 10 de la noche.

- Antes de pedir permiso par salir, termina tus labores caseras y escolares.

- Si no estás de acuerdo con una respuesta, dilo tranquilamente sin alegar. Entonces te escucharemos. Si alegas, perderás 15 minutos o más de tu tiempo de salida.

- Antes de salir, prepárate para contestar unas preguntas: ¿A dónde vas? ¿Qué vas a hacer? ¿Con quién vas a estar? ¿A qué hora vas a estar de vuelta?

Algunos ejemplos de expectativas para chicos más pequeños son:

- No subas los pies a los muebles para que no te quitemos tiempo de juego.

- Cuando entras a casa, cuelga el abrigo en su sitio y pon los zapatos en el clóset. Luego podrás comer una merienda.

- Después de cenar, cada uno limpia su plato y lo pone en el fregadero antes del postre.

- A las 8:30 es hora de dormir, y comenzamos a prepararnos a las 7:30. Si estás lista para acostarte a las 8:00, tendremos tiempo para leer un cuento.

- Debes decir una oración antes de cada comida y antes de acostarte.

- Pide permiso antes de prender la televisión.

Al fijar expectativas claras para nuestros hijos, hay dos aspectos importantes. El primero es lo que decimos, y el segundo es lo que hacemos.

Primero, lo que decimos: Las expectativas son más claras y eficaces cuando las describimos de una manera positiva, en vez de decirles a los niños lo que no pueden hacer. Si usa frases "negativas", agregue una descripción "positiva" para que la expectativa quede más clara. Por ejemplo, al chico de cuatro años le puede decir: *"No pintes en la pared"*. Luego añada: *"Cuando quieras pintar, pídeme papel y te sientas a la mesa"*.

Aquí hay otros ejemplos de expectativas positivas y negativas.

Negativa – *"Cuando te pido que ayudes a limpiar la casa, no me contestes feo ni mires al techo"*.

Positiva – *"Cuando te pido que ayudes a limpiar la casa, responde "Bueno" y comienza a hacerlo de una vez"*.

Negativa – *"No quiero que le arrebates cosas a tu hermana"*.

Positiva – *"Cuando tu hermana tiene algo que tú quieres, pídele que comparta"*.

Segundo, lo que hacemos: Elogie la conducta que se conforma a sus expectativas y corrija la conducta que sea contraria. Si sus hijos le discuten cuando usted les dice "No", corrija este comportamiento. Si unas veces les permite discutir y quejarse ante un "No", y en otras ocasiones los corrige por hacer lo mismo, los va a confundir.

Recuerde también que nuestro propio comportamiento debe estar de acuerdo con nuestras expectativas. Si queremos que nuestros hijos expresen su desacuerdo con calma, tenemos que dar el buen ejemplo cuando nosotros estemos en desacuerdo.

Unas palabras finales sobre las expectativas claras. En algunas familias, el padre y la madre difícilmente se ponen de acuerdo sobre ciertas expectativas. A uno le parece que el otro es demasiado estricto o demasiado flojo. Los padres tienen que aprender a ponerse de acuerdo. Es importante que se propongan no discutir sobre las expectativas delante de sus hijos. A la larga, a toda la familia le conviene que se fijen expectativas claras.

Capítulo 9

Conservar la Calma

Los padres y madres nos dicen que su mayor dificultad al bregar con el mal comportamiento de sus hijos es conservar la calma. Los hijos pueden ser sarcásticos, desafiantes, rebeldes y hasta violentos. Los padres tienen que prepararse para estos momentos y aprender a conservar la calma.

Muchos nos dicen que cuando están enojados, gritan o les dicen malas palabras a sus hijos. Unos dicen que les pegan con algo o que tiran o patean las cosas. Están convencidos de que estas reacciones de ira funcionan para mostrarle al chico que ellos "hablan en serio". La verdad es que esas reacciones sí detienen el comportamiento del niño, pero sólo temporalmente. ¿Y qué aprenden sus hijos? Aprenden a gritar, a pegar, a tirar o patear las cosas cuando están disgustados.

Cuando estos padres toman nuestras clases de *Boys Town's Common Sense Parenting*®, aprenden a conservar la calma en situaciones tensas y nos informan de los siguientes resultados: 1) las pataletas o el mal comportamiento de sus hijos cesan más pronto; 2) la mala conducta no dura tanto y no es tan severa; y 3) los padres se sienten mejor por la manera como manejaron la situación.

En este capítulo, exponemos un plan para conservar la calma. Hay tres pasos para formar su propio plan de "Conservar la Calma": 1) identificar las acciones de sus hijos que lo alteran a usted; 2) identificar lo que usted hace o siente, y qué señales indican que usted se está alterando; y 3) decida qué va a hacer diferente en el futuro.

El primer paso para responder tranquilamente ante del mal comportamiento de nuestros hijos es saber qué es lo que nos produce ira. Los hijos típicamente saben exactamente qué palabras o acciones nos molestan.

Tal vez usted se enoja cuando su hijo da media vuelta y se va mientras usted le está hablando, o cuando su hija le grita "¡Calla la boca!" a su hermanita. Si los padres pueden identificar qué mala acción de sus hijos ocurre justo antes que los padres se enojen, estarán más preparados para controlar la intensidad y severidad de su propia reacción y para ayudar a corregir la conducta del niño.

En un papel, escriba las acciones específicas de sus hijos que le hacen a usted perder la calma.

El segundo paso es reconocer las pequeñas señales de que usted se está enojando. Esto le ayudará a pensar antes de actuar y a conservar la calma.

¿Cuáles son sus "señales de advertencia"? ¿Siente que el corazón se acelera o que se le enrojece la cara? ¿Aprieta los dientes, cierra el puño o tensiona los músculos? ¿Habla más fuerte o más rápido, o comienza a señalar y hacer gestos abruptos? Tome su tiempo para pensar en las primeras señales que advierten cuándo usted está perdiendo la calma. En el papel donde anotó las acciones de sus hijos, escriba lo que usted hace cuando comienza a enojarse. Ahora, veamos cómo usted puede usar esas señales para trazar un plan que le ayude a estar tranquilo en situaciones tensas con sus hijos. Vamos a combinar

1. **Las malas acciones de sus hijos, y**

2. **Sus primeras señales de advertencia, con**

3. **Una manera de mantener la calma que funcione para usted.**

El siguiente ejemplo es el plan de una madre para "Conservar la Calma":

"La próxima vez que Juanito me conteste feo y se niegue a acostarse, y que yo comience a sentir que me late el corazón, voy a aspirar profundo y soltar el aire lentamente antes de corregirlo."

Los padres y madres nos han dicho otras cosas que hacen para calmarse en situaciones tensas:

* *"Yo cuento hasta 10 – muy lentamente. Me concentro en hacerlo, no importa lo que esté gritando mi hijo".*

- *"Me meto las manos en los bolsillos. Yo hablo con las manos, especialmente cuando estoy enojado. Antes de aprender a meterlas en los bolsillos, creo que mi hija pensaba que yo le iba a pegar".*

- *"Yo me siento. Si estoy de pie, comienzo a temblar. De todos modos le digo a mi hijo lo que está haciendo mal, pero lo digo con mucha más calma".*

- *"Simplemente me alejo de la situación un ratito. Me voy a otro cuarto hasta que me pueda controlar".*

- *"Uso una liga de goma en la muñeca y cuando siento que me estoy alterando, la estiro y la suelto. Esta señal me advierte que tengo que calmarme".*

- *"Yo llamo a alguien, como mi mejor amiga o mi hermana. Después de desahogarme, puedo volver y manejar la situación con más calma".*

En el mismo papel donde usted anotó el Paso Uno y el Paso Dos, escriba ahora un plan para conservar la calma.

Tomará tiempo aprender a dominar sus reacciones negativas. No se desanime si pierde la calma de vez en cuando. Aquí hay algunos consejos que han ayudado a otros padres y madres:

Primero, practique pensar en algo positivo. Si le vienen pensamientos negativos, interrúmpalos. Diga: "¡Basta!" Luego comience a pensar cosas positivas.

Aquí hay algunos ejemplos de pensamientos positivos que otros han usado:

"Tranquilo. Tómalo con calma".

"Voy a ayudarle a mi hijo".

"Soy buen padre (o madre) y soy capaz de hacer esto".

"Las cosas van a mejorar. Es que toma tiempo".

Segundo, no tome personalmente lo que su hijo diga. Esto puede ser muy difícil cuando un hijo nos ofende de palabra. Pero si usted deja que los comentarios negativos y enojosos le rueden sin afectarlo, su instrucción tendrá más efecto. Si le preocupa algo que su hijo dice, aplique algún método de resolución de problemas cuando él o ella se haya calmado.

Tercero, haga una pausa de cinco minutos. En vez de contestar con ira lo que se le venga a la mente, tome cinco minutos para pensar en lo que está pasando.

Cuarto, piense en el comportamiento y no en por qué el niño se porta mal. No busque los motivos, sino bregue con la acción misma. Una vez resuelto el problema, hable con su hijo a ver qué fue lo que sucedió y por qué.

Quinto, si usted se enoja y dice o hace algo que más tarde lamenta, pida disculpas. Esto les da un buen ejemplo a los niños para cuando ellos cometan un error. Discúlpese, diga lo que usted hizo mal y lo que va a hacer diferente la próxima vez. Algunos padres creen que disculparse con los hijos les hace perder el control sobre ellos. Hemos visto que cuando los padres piden disculpas, los hijos aprenden que todos, jóvenes y viejos, cometemos errores.

Sexto, conservar la calma no significa que usted sea totalmente pasivo. Habrá momentos en que usted sí levantará la voz – pero debe ser en un tono firme y serio. Las palabras que usa deben ser descripciones específicas, no juicios, ofensas ni sentimientos negativos. Conservar la calma significa que uno no reacciona ante el mal comportamiento de una manera enojada ni agresiva.

Capítulo 10

Instrucción Correctiva

Muchos padres buscan una manera constructiva y buena de bregar con el mal comportamiento constante de sus hijos. Nosotros enseñamos un proceso de cuatro pasos que llamamos Instrucción Correctiva.

Aplique la Instrucción Correctiva cuando sus hijos estén discutiendo, peleando, contestando feo o haciendo algo indebido. Aquí hay algunas situaciones concretas donde se puede usar la Instrucción Correctiva:

- Cuando sus hijos desobedecen sus instrucciones, por ejemplo cuando usted les pide que hagan sus tareas.

- Cuando están haciendo algo que podría ser peligroso para ellos o para otros, por ejemplo jugar en la calle.

- Cuando discuten por las decisiones de los padres, por ejemplo quejarse al decirles que no pueden salir a jugar con sus amigos.

Como regla general, cuando usted ve algo que quiere corregir en el comportamiento de sus hijos, aplique la Instrucción Correctiva. La Instrucción Correctiva tiene cuatro pasos:

Paso 1. Suspender la mala conducta.

Paso 2. Dar una consecuencia.

Paso 3. Describir lo que queremos.

Paso 4. Practicar lo que queremos.

Veamos un ejemplo de Instrucción Correctiva. Su hija acaba de llegar 30 minutos después de la hora fijada. No avisó que iba a llegar tarde. Usted le preguntó por qué no volvió a tiempo y ella dice que sus amigas no querían venirse temprano de la fiesta. Veamos cómo se puede usar la Instrucción Correctiva en esta situación, y qué se puede decir.

Paso 1. Suspender la mala conducta.

"Dorita, volviste a casa 30 minutos tarde y no llamaste a decir que te ibas a retrasar".

Paso 2. Dar una consecuencia.

"Mañana por la noche tendrás que regresar una hora más temprano".

Paso 3. Describir lo que queremos.

"Cuando vas a llegar tarde, llama a avisarme. Según el caso, podrás quedarte más tarde si la persona que te trae viene

después, o yo iré a recogerte. Pero tienes que llamar a avisarme que te vas a demorar. ¿De acuerdo?"

Paso 4. Practicar lo que queremos.

Usted puede preguntar: *"Ahora dime, ¿cómo manejarías la situación la próxima vez?"*

Dorita puede contestar: *"Te llamo y pregunto si me puedo quedar más tiempo".*

Usted responde: *"Muy bien. Yo probablemente te preguntaría por qué. ¿Qué dirías entonces?"*

Dorita responde: *"Pues te diría que Margarita se va a quedar media hora más y ella es la que me va a traer a la casa".*

Usted dice: *"Y yo probablemente diría que puedes quedarte y que cuando vuelvas a casa hablaremos de conseguir transporte con alguien que te traiga a la hora fijada. Es que si llamas, sabemos que estás bien. Así evitas problemas. Y a veces te daremos permiso para quedarte más tiempo".*

Tal vez las cosas no salgan tan perfectas cada vez que usted corrija a su hija, pero este ejemplo le da una idea de cómo usar los cuatro pasos.

Si sus hijos comienzan a discutir o gritar, o si su comportamiento empeora, lea el siguiente capítulo. Allí verá cómo responder a situaciones que se vuelven intensamente emocionales.

Ahora repasemos los pasos de la Instrucción Correctiva.

Paso 1. Suspender la mala conducta.

Al suspender la mala conducta, sus hijos pueden concentrarse mejor en lo que usted les dice. Comience tranquilamente captando su atención y dándoles instrucciones claras, por ejemplo: *"Deja de discutir y siéntate en la silla"*. Elimine todas las distracciones que pueda, y colóquese al nivel de los ojos del niño. Queremos que el niño se concentre en usted y sus instrucciones. Si el mal comportamiento ya cesó, limítese a describir lo que fue ese comportamiento. Por ejemplo: *"Daniel, antes de salir para la tienda te pedí que recogieras tu ropa y guardaras la loza limpia. En vez de hacerlo, has estado jugando con el video"*.

Paso 2. Dar una consecuencia.

Las consecuencias le ayudan al niño a ver la conexión entre lo que él hace y lo que sucede como resultado de su acción. Si usted quiere que Daniel pase menos tiempo jugando al video y más tiempo siguiendo instrucciones, puede decir algo así: *"Como no hiciste lo que te pedí, quiero que dobles un montón de ropa limpia después de recoger tu ropa y guardar la loza. Tienes que hacer todo esto antes de volver a jugar con el video"*. Acuérdese de usar la consecuencia más pequeña que funcione.

Paso 3. Describir lo que queremos.

Sea claro y específico. Limítese a describir la acción que usted quiere verlos cumplir en remplazo de la mala acción. Aplique los métodos descritos en el capítulo 16, "destrezas sociales", para identificar lo que usted quiere que sus hijos hagan en remplazo de su mala conducta. En nuestro ejemplo, Daniel no siguió las instrucciones que su madre le dio de cumplir ciertas labores. Su madre podría decir: *"Daniel, cuando yo te pida que hagas algo, quiero que me respondas que lo vas a hacer y empieces a hacerlo inmediatamente"*.

Paso 4. Practicar lo que queremos.

Practicar. Practicar. Practicar. Cada vez que sus hijos practican la manera correcta de hacer las cosas, aumentan sus posibilidades de éxito. La práctica les ayuda a recordar exactamente qué hacer para evitar problemas. Por ejemplo, Mamá dice: *"Daniel, muéstrame cómo vas a hacer las labores caseras la próxima vez"*. Daniel responde: *"Esta bien"* y se va, aunque sin mucho entusiasmo, a comenzar las labores. Mamá dice: *"Gracias por comenzar inmediatamente. Acabas de practicar la manera de seguir instrucciones. Así terminas más pronto y podrás volver a tus juegos"*.

Los siguientes son unos consejos para aplicar bien la Instrucción Correctiva.

Primero, conserve la calma. Recuerde, cuando ocurre un mal comportamiento hay que parar, pensar en lo que tenemos que hacer, tranquilizarnos y luego aplicar la Instrucción Correctiva.

Segundo, no se salga del tema. Los hijos tienen una gran habilidad para distraer a sus padres del tema. Dicen cosas como:

"¡Tú no me quieres!"

"Mis amigas no tienen que hacer eso. Sus papás son buenos".

"Puedes quitarme lo que quieras. No me importa".

Este tipo de comentarios pueden herirnos en el corazón. Pero este no es el momento de actuar a la defensiva ni con sarcasmo. Concéntrese en lo que usted quiere enseñar. Hágale saber al niño que si realmente quiere hablar de esos otros temas, puede plantearlos una vez que haya resuelto el punto principal, que es su mal comportamiento.

Tercero, deles la oportunidad de recuperar algo. Si su hijo le presta atención y trata de corregir su mala acción, y si usted está satisfecha con el intento, puede reducirle una parte de la consecuencia. Por ejemplo, digamos que usted les quitó una hora de televisión a su hijo y su hija porque estaban discutiendo. Cuando usted termina la Instrucción Correctiva, ambos niños piden disculpas y dicen que van a lavar la loza juntos. Si cooperan, usted podría devolverles hasta la mitad del tiempo de televisión que perdieron. De esta manera les brinda una consecuencia positiva por esforzarse en resolver el problema.

Cuarto, sea constante. Es decir, si la hora de acostarse son las 9:30, los chicos deben estar en la cama a esa hora todas las noches. Si lo hacen, muéstreles que usted se da cuenta. Use Elogios Efectivos y tal vez algún premio novedoso. Pero si se acuestan más tarde, aplique la Instrucción Correctiva y elimine los premios. Cuanto más constante sea usted, más constantes serán sus hijos.

Pero trate también de ser flexible. Esto significa que se debe aplicar la Instrucción Correctiva con constancia, pero la manera de aplicarla puede variar. Nadie conoce a sus hijos mejor que usted. Tal vez le parezca que su hija aprendería más si usted pone la consecuencia al final de la secuencia de instrucción. Entonces ensáyelo así. Si no funciona, puede darle la consecuencia más pronto.

Por último, insista en usar consecuencias. A algunos padres no les gusta usar consecuencias, ni siquiera como último paso en la secuencia de instrucción. Pero las consecuencias son importantes porque le ayudan al niño a ver la relación entre su comportamiento y los resultados de ese comportamiento. Así los chicos llegan a entender que su conducta tiene efectos sobre ellos mismos y sobre los demás.

Capítulo 11

Enseñanza del Dominio Propio

Uno de los aspectos más difíciles de la crianza es bregar con un hijo cuando él o ella se muestra enojado o desafiante o simplemente se niega a obedecer. El chico puede estar gritando, pegando, discutiendo, tirando cosas o amenazándonos.

Nuestros hijos tienen que aprender que la conducta negativa y agresiva no es aceptable. Con nuestro método, muchos padres han podido enseñar a sus hijos una mejor manera de reaccionar cuando están disgustados. Lo llamamos "Enseñanza del Dominio Propio".

Los padres pueden enseñar dominio propio en dos tipos de situaciones:

Una es cuando el hijo se porta mal y no responde a la Instrucción Correctiva sino que persiste o empeora.

Otra es cuando el chico se descontrola – con un estallido emocional intenso y repentino – y se niega a hacer cualquier cosa que los padres le digan.

Recuerde la última vez que sus hijos se alteraron porque usted les corrigió la conducta o les pidió que hicieran algo. ¿Qué fue lo que dio comienzo a su conducta negativa? ¿Cómo reaccionó usted? Si analiza los últimos "estallidos", esto le ayudará a planear cómo bregar en el futuro. Una manera de evitar los estallidos es aplicar el plan para conservar la calma que describimos en el capítulo 9, junto con los pasos para enseñar Dominio Propio.

La Enseñanza del Dominio Propio tiene dos objetivos: 1) que usted y sus hijos puedan calmarse cuando la interacción se vuelve emocionalmente intensa, y 2) enseñarles a los chicos a controlar su comportamiento cuando están disgustados.

Veamos los pasos en la Enseñanza del Dominio Propio, con una explicación de cada uno.

Primera Parte: Calmarse

Paso 1: Describir la conducta negativa.

Dígale a su hijo brevemente lo que está haciendo mal. Recalcamos "brevemente". Acuérdese de ser claro y específico en lo que dice. Debe usar un tono de voz calmado, lento y parejo. Por ejemplo, si usted dice: *"Marcos, estás gritándome y dando pasos por todo el cuarto"*, el niño sabrá claramente lo que está haciendo mal. Describa su mala acción sin enojo ni sarcasmo ni acusaciones.

Cuando su hijo o hija está molesto o enojado, es bueno que usted muestre comprensión. Esto es, muestre que comprende lo que él o ella está sintiendo. Por ejemplo, podría decir: *"Sé que estás molesta ahora mismo. Y sé que estás descontenta por lo que pasó"*. Esto da comienzo a la secuencia instructiva en un tono positivo y le indica a la niña que sus sentimientos son importantes para usted. La comprensión nos ayuda a concentrarnos en la conducta del niño y no en nuestras propias emociones.

Paso 2: Dar instrucciones claras.

El objeto de este paso es decirle al niño exactamente lo que tiene que hacer para empezar a calmarse. Dele instrucciones sencillas, como: *"Por favor vete a tu cuarto"* o bien: *"Siéntate en la silla y cálmate"*. O dígale cosas tranquilizantes como: *"Respira hondo y trata de calmarte"*. No hay que dar demasiadas instrucciones ni repetirlas constantemente. Unas opciones claras y simples señalan hacia lo esencial: que el chico recupere el dominio de sí.

Paso 3: Darle tiempo de calmarse.

Si usted conserva la calma, es más probable que el niño también se tranquilice más pronto. Además, le ayuda a usted a concentrarse en la conducta del niño. A veces se obtienen muy buenos resultados diciendo simplemente: *"Ambos necesitamos tiempo para tranquilizarnos. Regreso en unos minutos"*. Recuerde que a veces conviene dejar al niño "en paz" un ratito para que se recupere.

Los padres aprovechan estos momentos de calma para pensar qué van a enseñar ahora. El chico también tiene este tiempo para tomar una decisión: calmarse o seguir portándose mal.

Regrese adonde el niño cuantas veces sea necesario. Hágale preguntas como: *"¿Podemos hablar de lo que pasó?"* o bien: *"¿Ya estás tranquilo para que hablemos?"* Cuando nos pueda responder en voz más o menos tranquila y preste atención a nuestras palabras, entonces pasamos a la siguiente fase. No se apresure. Dele las descripciones y las instrucciones que el niño necesite. Y ante todo, manténgase calmado y controlado en todo lo que usted dice y hace.

Segunda Parte: Fase de instrucción

Paso 4: Describir lo que el niño debe cambiar la próxima vez.

Indíquele otra manera de expresar su enojo o frustración. Los niños tienen que aprender que si se alteran porque algo no sucede como ellos quisieran, ello trae más consecuencias negativas. Este es un momento para explicar las instrucciones que usted le dio en el Paso 2 y para ayudarle a recordar cómo debe calmarse.

Nosotros usamos la expresión "en vez de..." Se usa así:

"En vez de gritar y salir corriendo, la próxima vez que estés alterado por favor dime que estás enojado y pregunta si puedes ir a tu cuarto a calmarte".

"En vez de decir palabras soeces, pregunta si puedes sentarte en las gradas hasta que estés listo para hablar".

Cuando sus hijos se hayan tranquilizado, podrán hablar con usted de por qué estallaran de ira y cuál podría ser la solución.

Paso 5: Practicar lo que el niño debe hacer la próxima vez.

Ahora que su hijo sabe qué hacer, es importante que aprenda cómo hacerlo.

Cuando termine de practicar, hágale saber qué hizo correctamente y qué debe mejorar. Sea lo más positivo que pueda, especialmente si el niño o la niña está esforzándose sinceramente por cumplir lo que usted le pide.

Paso 6. Dar una consecuencia.

Esta es una parte esencial de la Enseñanza del Dominio Propio. Un error muy frecuente es que los padres se olvidan de dar una consecuencia. Por favor recuerde que las consecuencias sirven para cambiar la conducta del niño. Aprovéchelas.

Repetimos que siempre debe usar una consecuencia negativa al final de cada sesión de Enseñanza del Dominio Propio. Las consecuencias mejoran los resultados de la instrucción.

Veamos un ejemplo de Enseñanza del Dominio Propio:

Usted acaba de decirle a su hijo de 10 años que no puede ir a casa de su amigo porque no ha terminado de arreglar su cuarto. Él grita: *"¡Eso es estúpido! ¡Te odio! ¡Nunca me dejas hacer nada!"* Luego sale corriendo a su cuarto con gritos y palabras soeces.

Primera Parte: Calmarse

Paso 1: Describir la conducta negativa.

"Sé que querías ir adonde tu amigo, pero estás gritando y diciendo malas palabras".

Paso 2: Dar instrucciones claras.

"Por favor deja de gritar. Y te vas a tu cuarto o te quedas aquí sentado en el sofá. Respira profundo y trata de calmarte".

Paso 3: Darle tiempo de calmarse.

Aléjese del lugar unos minutos. Regrese y pregúntele al niño si está dispuesto a hablar. Vea si su conducta es de cooperación. *"¿Podemos hablar de esto ahora?"* O bien: *"Veo que sigues alterado. Regreso en unos minutos".*

Cuando el niño obedezca sus instrucciones y esté dispuesto a hablar del problema, pase de la fase de Calmarse a la fase de Instrucción.

Segunda Parte: Fase de instrucción

Paso 4: Describir lo que el niño debe cambiar la próxima vez.

"Veamos lo que puedes hacer la próxima vez que te enojes. Lo que quiero que hagas es que me hagas saber que te estás enojando y me preguntes si puedes ir a tu cuarto a calmarte".

Paso 5: Practicar lo que el niño debe hacer la próxima vez.

"Voy a decirte que no puedes salir a jugar. ¿Qué debes hacer? Bueno, ensayemos".

Luego dígale si lo hizo bien:

"Excelente. Me dijiste que te estás enojando y me preguntaste si podías ir a tu cuarto. Y me lo dijiste en buen tono. Muchas gracias."

Paso 6. Dar una consecuencia.

"Recuerda que hay consecuencias cuando gritas y dices malas palabras. Esta noche tendrás que lavar la loza y barrer el piso después de comida".

En la vida real, su hijo probablemente no coopere tan pronto. Si está discutiendo y diciendo palabras soeces, tal vez se tranquilice un poco y luego empiece a discutir otra vez. Cuando un niño se altera, tiene mucha energía. Por lo tanto, hay que comprender que tal vez se demore un rato en resolver el problema. En estos casos, aplique los métodos que aprendió en el capítulo sobre "Conservar la Calma" y adapte los pasos de instrucción y su propio estilo a la situación real. Insista en descripciones e instrucciones sencillas, siga mostrando comprensión y conserve la calma.

Ahora damos algunos consejos para enseñar el dominio propio.

No se salga del tema. No pierda de vista lo que usted está tratando de enseñar. Sus hijos tratarán de discutir sobre lo que usted dice o le dirán cosas ofensivas. Tal vez digan que usted no los quiere o que es injusto. No se sorprenda cuando digan estas cosas, pero no responda a ellas. Si usted se da cuenta que está respondiendo a lo que su hijo le dice, recuerde y use una frase muy importante: *"Hablaremos de eso cuando estés tranquilo".*

Tenga conciencia de sus propias acciones. Estos momentos pueden ser emocionalmente explosivos. No haga cosas que motiven al niño a desquitarse físicamente, ni que parezcan agresivas. Muchos padres encuentran que si se sientan, la situación se calma más pronto. Cuando se ponen de pie (especialmente si es el padre), el niño se siente más amenazado. Cualquier gesto que parezca agresivo, como señalarlo con el dedo, inclinarse sobre él o levantar el puño, va a empeorar las cosas y será un obstáculo para que el chico se calme.

Planear las consecuencias de antemano. Piense en consecuencias negativas apropiadas por adelantado, especialmente si su niño ya tiene el problema de que se descontrola.

En algún momento cuando el chico no esté alterado, explíquele cuál será la consecuencia la próxima vez que discuta y pelee con usted. Por ejemplo: *"Sandra, cuando yo te digo "No", a veces te dan ganas de discutir conmigo. Entonces te enojas y empiezas a gritar. De ahora en adelante, si haces eso vas a perder tus privilegios de teléfono por dos noches".* Luego aplique la Instrucción Preventiva para que Sandra aprenda cómo aceptar las decisiones.

Seguimiento. Cuando el niño se calma y completamos la secuencia de instrucción, pueden surgir otros temas secundarias. Por ejemplo, en algunas situaciones habrá que resolver ciertos problemas. Tal vez su hijo o hija no tenga el conocimiento o la experiencia necesaria para manejar ciertas situaciones. Entonces sería muy conveniente ayudarle a encontrar soluciones.

En otros casos, será necesario concluir la Enseñanza del Dominio Propio de una manera firme y enfática. Tal vez haya que indicar que la conducta del niño es claramente inaceptable y que la interacción ha terminado. *"Bueno, ya hemos practicado lo que debes hacer. Ahora vas al cuarto de tu hermano y le pides disculpas"*.

Otras situaciones exigen un trato muy comprensivo. Hay niños que lloran después de una situación intensa, porque no saben manejar las emociones que tienen adentro. Podemos decirles: *"Sentémonos y me cuentas por qué te has sentido tan enojada. Tal vez pueda ayudarte. Por lo menos puedo escuchar"*. La manera como usted aborde cada situación dependerá de su sentido común y su propio criterio.

Mencionamos antes, que usted no debe dejarse distraer por los comentarios y temas que sus hijos planteen en un momento de enojo. Pero eso es sólo durante el proceso de Enseñanza del Dominio Propio. Cuando todos se hayan calmado, es importante volver a las cosas que el chico dijo y que a usted le molestaron o le preocuparon. Entonces podrá indagar por qué él estalló de esa manera. Hable de la confianza. Dígale que le cuente lo que siente y opina.

Siempre que sea posible, ponga en práctica lo que sus hijos sugieren. Así abrirá la puerta para que haya más conversaciones constructivas con ellos. Compartir esos momentos difíciles es algo que puede fortalecer los lazos emocionales entre usted y sus hijos.

Capítulo 12

Decisiones

Un niño de cuatro años ve que su pelota sale rodando a la calle. ¿Qué hace?

Un amiguito le pregunta a la niña de 10 años si le permite copiar sus tareas. ¿Qué hace ella?

A un chico de 16 años le ofrecen cerveza en una fiesta. ¿Qué hace?

Muchas veces, los chicos toman decisiones al instante. Cuando tienen un problema, tienden a ver la solución como "todo o nada", sí o no, hacerlo o no hacerlo. Además, ven la situación inmediata pero no es fácil para ellos mirar al futuro y ver cómo una decisión puede afectarlos más tarde.

Teniendo esto en cuenta, ¿cómo podemos preparar a nuestros hijos para que tomen mejores decisiones?

Nosotros usamos un método de solución de problemas que tiene cuatro pasos. Lo llamamos SOVES y cumple dos objetivos:

Primero, brinda a padres e hijos un proceso para resolver problemas y tomar decisiones juntos.

Segundo, ayuda a los padres a enseñarles a sus hijos cómo resolver problemas y tomar decisiones por su cuenta.

Los siguientes son los cuatro pasos de este proceso para resolver problemas.

S = Situación

O = Opciones

VE = Ventajas y desventajas

S = Solución

Ahora veamos cada uno de estos pasos en el proceso SOVES.

Paso 1. Definir la situación

Definir una situación puede ser el paso más demorado porque los niños a veces usan descripciones vagas o emotivas. Además, no siempre se dan cuenta que cierta situación puede causar problemas.

Las siguientes son ideas para ayudarle a definir la situación:

- Hacerle al niño preguntas específicas y que no se contestan con un simple "sí" o "no", por ejemplo: *"¿Qué hiciste entonces?"* o bien: *"¿Qué pasó cuando dijiste eso?"* Estas preguntas nos ayudan a aclarar lo que realmente ocurrió.

- Enseñarle a pensar en toda la situación, no una sola parte de ella. Las preguntas que identifican quién, qué, cuándo y dónde nos dan una idea más clara de toda la situación.

- Resumir la información. A veces los chicos se sienten tan abrumados por las emociones del problema, que pierden de vista el problema mismo. Plantee usted el problema de la manera más simple y específica. Pregúntele al niño si este resumen que usted ha dado de la situación es correcto.

Paso 2. Analizar las opciones

Una vez que esté claramente descrita la situación, podemos comenzar a analizar las opciones o alternativas que el niño tiene.

En un problema, generalmente hay varias opciones. Pero los chicos no siempre las ven porque creen que la solución es "todo o nada". Por ejemplo, su hijo saca mala calificación en un examen e inmediatamente quiere cambiarse a otro curso porque "todo está perdido".

Nuestra función como padre o madre es ayudarle a razonar. Hágale preguntas como las siguientes: *"¿Se te ocurre alguna otra cosa que puedas hacer?"* O bien: *"¿De qué otra manera se resolvería el problema?"* Si siempre hacemos preguntas así, le ayudamos al niño a aprender un proceso que él también podrá aplicar cuando tome decisiones sin nosotros.

Aquí hay algunas ideas para identificar opciones:

- Que la niña cite opciones buenas y opciones malas. Muchas padres quieren ir directamente al grano, diciéndole al niño qué hacer. Pero aquí el objeto es que el niño mismo vaya aprendiendo a tomar decisiones.

- No ponga más de tres opciones. Si hay más opciones, la niña puede empezar a confundirse. Además, una de esas opciones tiene que ser razonable y con posibilidades de éxito.

- Si al niño no se le ocurren opciones, sugiérale algunas.

Paso 3. Ver las ventajas y desventajas

En este paso, usted habla con su hijo de las ventajas y desventajas de cada opción. Esto le ayuda a ver la relación entre cada opción y los resultados que esa opción puede traer.

- Pregúntele qué opina de cada opción. ¿En qué es buena la opción? ¿En qué es mala?

- Ayúdele a citar ventajas y desventajas de cada opción. Probablemente le falten experiencia y conocimientos para saber los posibles resultados de las opciones.

Paso 4. Escoger la solución

Aquí ha llegado el momento de escoger la opción que funcionaría mejor. Después de resumir las ventajas y desventajas de cada una, dígale a la chica que escoja la mejor.

- Asegúrese que sepa las opciones y los posibles resultados de cada una. Se trata de ayudarle a tomar una decisión informada y de adquirir un método para tomar decisiones en el futuro.

- Algunas decisiones son difíciles de tomar. Si no es necesario decidir inmediatamente, deje que el niño lo piense un poco más.

Las siguientes son cosas que se deben tener en cuenta al usar nuestro método SOVES de resolver problemas:

A veces los chicos escogen opciones que no gustan a los padres. En general, si la decisión no le va a hacer daño a nadie y si no es ilegal o contraria a sus convicciones morales o religiosas, deje que su hijo escoja esa opción y que así aprenda. Por ejemplo, tal vez su hijo decida que quiere gastar casi todo su dinero en un juego de video muy costoso. Deje que lo compre y que aprenda de las consecuencias. Quizá disfrute tanto del juego que no le importará no tener dinero para otras actividades. En cambio, si pide dinero después de haber gastado el que tenía, no le dé. Deje que él encuentre alguna manera de ganar dinero o que empiece a ahorrar para sus compras futuras. De esta manera aprenderá a tomar mejores decisiones sobre el uso del dinero.

A veces los chicos encuentran opciones que son ilegales, inmorales o dañinas para ellos o para otros. En tal caso, los padres deben decir clara y firmemente que desaprueban esa opción. Deben repetir las desventajas de esa solución y hacerle saber al chico las consecuencias de escogerla. Por ejemplo, si su hija de 16 años dice que quiere beber cuando salga con sus amistades, usted le hace saber que no tolera que ella beba y le describe todos los peligros. Dígale también las consecuencias que usted impondrá si ella opta por beber. A veces, pese a todos nuestros esfuerzos, nuestros hijos toman una decisión errada. Cuando esto ocurra, es necesario imponer las consecuencias que hemos dicho. Luego les ayudamos a cumplir otra vez el proceso de resolver problemas para que saquen conclusiones más aceptables.

Aunque debemos animar a nuestros hijos a tomar algunas decisiones por su cuenta, tenemos que decirles que estaremos para ayudarles en todo momento. Esto incluye respaldarlos cuando van aplicando la solución. Si la solución no resulta como el niño pensó, usted debe estar allí brindando respaldo y comprensión. Entonces los dos pueden volver al proceso soves y encontrar otra solución al problema.

Por último, hable con el chico después para ver cómo funcionó la solución. Fije un momento para hablar de los resultados. Este es una excelente oportunidad para elogiar al hijo o hija por haber cumplido la decisión que se tomó.

Capítulo 13

Cuadros y Contratos

Los cuadros y contratos son acuerdos entre usted y sus hijos, donde se fija claramente lo que ellos van a recibir si se comportan de cierta manera.

Por ejemplo, un contrato sería si usted escribe el siguiente acuerdo: *"Cuando termines de limpiar tu cuarto, puedes salir a jugar"*.

Al usar cuadros o contratos, hay que incluir tres puntos esenciales: 1) indicar la conducta que el niño debe cambiar, 2) indicar qué privilegios puede ganarse, y 3) indicar cuánto tiempo durará el acuerdo.

Los cuadros y contratos son útiles en las siguientes circunstancias:

Primero, cuando queremos concentrarnos en cierta conducta que es problema. Tal vez el niño siempre se queja cuando le dicen que haga algo, o le dan pataletas, o llega tarde a la escuela por la mañana.

Segundo, cuando su hijo tiene en mente cierta meta. Tal vez quiere trabajar y ganar dinero para una bicicleta, o quiere acostarse más tarde, o que le presten el carro entre semana.

Tercero, cuando usted tenga una meta especial para su hijo. Tal vez quiere que abra una cuenta de ahorros, que participe más en actividades escolares, que poda el césped con regularidad o que consiga un empleo.

El siguiente es un ejemplo de cómo se usaría un contrato entre una niña de 15 años que quiere permiso para llegar más tarde por la noche, y sus padres que quieren que regrese a casa a la hora fijada.

Acuerdo Sobre el Horario de Carla

"Yo, Carla, me comprometo a estar en casa a las 9:00 de la noche de domingo a jueves y a las 11:00 de la noche los viernes y sábados. Si cumplo esto dos semanas seguidas, me alargarán el horario de los fines de semana. Si llego a casa tarde, no podré salir la noche siguiente. Mis dos semanas de llegar a casa a tiempo volverán a comenzar con mi próxima salida.

"Nosotros, Mamá y Papá, nos comprometemos a dejar que Carla salga hasta las 11:30 el viernes y sábado por la noche después que ella haya llegado a casa a la hora fijada durante dos semanas seguidas. Vamos a marcar el calendario cada noche que Carla regrese a la hora fijada. Esto continuará por dos semanas o hasta que se vuelva a negociar el contrato".

El contrato iría firmado y fechado por Carla y sus padres.

Ahora veamos cómo funcionó un cuadro para Billy, de 10 años, y sus padres. Billy quería acostarse más tarde, especialmente los fines de semana. Sus padres querían que se acostara a la hora prevista sin discutir cada noche. Usaron un cuadro para ayudarle a Billy a acostarse a tiempo.

Entre semana, Billy tenía que acostarse a las 9:00. Cada vez que se acostaba a su hora sin discutir, colocaba una estrella en el cuadro. Su hora para acostarse el viernes y el sábado dependía del número de estrellas que lograba acumular entre semana. Si se acostaba sin discutir tres de las cinco noches entre semana, podía acostarse a las 9:45 el viernes y el sábado. Si entre semana se acostaba a su hora las cinco noches, sus padres le concedían otra media hora en los fines de semana.

Esta misma idea se puede usar para muchas metas, por ejemplo terminar las tareas escolares, estar listo para la escuela a tiempo, ayudar a otros cada día o mantener ordenado el cuarto.

Los padres y los hijos disfrutan haciendo estos cuadros. Los niños pequeños se divierten haciendo un cuadro con sus lápices de colores. Esta es una manera de que el niño participe en el proceso, y nos da otro motivo para elogiarlo.

Las siguientes son ideas para aprovechar bien los cuadros y contratos.

Fijar la meta en términos positivos. Decir: *"Cuando termines tus tareas escolares podrás ver televisión"* en vez de: *"Si no terminas las tareas no podrás ver televisión"*.

Cumplir el acuerdo. No olvide mirar el progreso del niño todos los días. Cuando cumpla la meta, concédale lo que le prometió. ¡Y elógielo mucho!

Poner metas específicas y fáciles de medir. Una meta que dice "completar las tareas escolares todas las noches" se mide más fácilmente que una meta que dice "mejorar en la escuela". Es más fácil saber si la chica "ofrece ayudarle a mamá una vez al día" que si "se porta con más responsabilidad".

Que las metas sean razonables. Hay que fijar metas posibles de alcanzar, especialmente cuando estamos comenzando a usar cuadros o contratos.

Que sea divertido. Los cuadros o contratos se usan para que nuestros hijos alcancen sus metas y tengan la experiencia del éxito. Esto será mejor si usted y su hijo se divierten haciéndolo. Hay que celebrar el progreso de cada día y ser generoso con los elogios durante el día cuando el chico está esforzándose por cumplir.

Los cuadros y contratos son un gran recurso para que los niños vean los éxitos que van logrando. También abren las líneas de comunicación para que padres e hijos alcancen las metas juntos.

Camino de Billy a la Cama

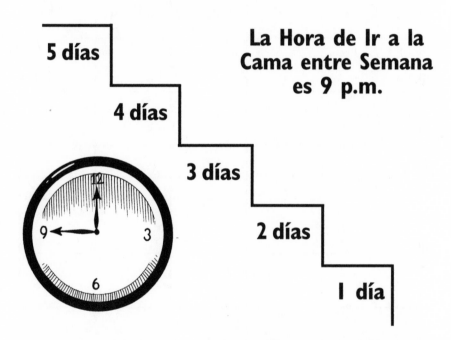

5 días

4 días

3 días

2 días

1 día

La Hora de Ir a la Cama entre Semana es 9 p.m.

Cada día escolar que voy a la Cama la cama a tiempo, dibujo un monito en mi gráfica. El número de veces que vaya a la cama a tiempo me dice el tiempo que puedo quedarme despierto en viernes y sábado.

Hora de Ir a la cama en Viernes y Sábado

1 día	9:15 p.m.
2 días	9:30 p.m.
3 días	9:45 p.m.
4 días	10:00 p.m.
5 días	10:30 p.m.

Estrellas de las Mañanas de Margarita

	Vestirse	Hacer la Cama	Desayunar	Lavarse los Dientes	Lista para la escuela a tiempo
Lunes					
Martes					
Miercoles					
Jueves					
Viernes					
Sabado					
Domingo					

Cada día que tenga 3 estrellas, escojo uno de los siguientes:

1. Llamar a una amiga por teléfono.
2. Pasear en bicicleta.
3. Usar el vaso especial en la cena.

Cada día que tenga 4 estrellas, puedo escoger dos de esta lista o la lista de 3 estrellas.

1. Ir a dormir 15 minutos tarde.
2. Llamar a dos amigas por teléfono.
3. Jugar un juego de cartas con Mamá o Papá.

Cad día que tenga 5 estrellas, puedo escoger hacer tres cosas de cualquier lista.

1. Ir a dormir 30 minutos tarde.
2. Invitar una amiga a casa a jugar.
3. Ir a la casa de una amiga a jugar.

86

Rebote de Regino

Cada día que termine mi tarea, puedo colorear una pelota. En el fin de semana, puedo colorear una pelota si leo por 30 minutos. Cada día que coloree una pelota, puedo salir jugar baloncesto por 15 minutos con Mamá.

Premio al Final de la Semana

El sábado, tendré un premio si tengo 4 o más pelotas coloreadas durante la semana.

4 pelotas coloreadas = ir de compras con Mamá
5 pelotas coloreadas = amigos me visitan el sábado
6 pelotas coloreadas = paseo en bicicleta el domingo con Papá
7 pelotas coloreadas = amigos se quedan a dormir el sábado

Capítulo 14

Juntas Familiares

Las familias viven muy ocupadas. Es difícil encontrar tiempo para estar juntos. El trabajo, la escuela, los deportes, las organizaciones y otras actividades afectan mucho el tiempo que las familias pueden pasar juntas. Las Juntas Familiares ayudan a las familias ocupadas a organizar su tiempo, compartir información y tomar decisiones.

Estas son algunas cosas que se pueden hacer en las Juntas Familiares:

Primero, coordinar horarios. Sus hijos pueden decir qué actividades van a tener y pueden planear para la escuela o para jugar con sus amigos. Usted puede hacer preguntas importantes, como: ¿Quién necesita suministros, transporte, dinero o materiales para la semana?

Segundo, una junta familiar es un momento ideal para elogiar a cada uno de nuestros hijos y dar a conocer sus logros. Piense en maneras novedosas de que sus hijos se elogien unos a otros. Una madre que conocemos comienza cada reunión pidiendo que cada persona diga algo bueno sobre la que está sentada a su derecha.

Tercero, tratar asuntos de familia. Se les da a los niños la oportunidad de hablar de lo que ha ocurrido en la escuela, lo que se ha hablado en clase sobre hechos locales o mundiales, o problemas que tengan con sus amistades. Los padres pueden hablar de lo que han hecho en el trabajo, de hechos de actualidad o sobre otros familiares. Así los niños aprenden a formar sus propias opiniones y convicciones oyendo las de otros, y se une más la familia.

Por último, se pueden aprovechar las juntas familiares para que sus hijos tomen parte en las decisiones de rutina. Decidan los menús de la próxima semana, a dónde irán de paseo, qué programa de televisión verán o cómo repartir las labores caseras. Los niños estarán mucho más contentos si pueden hacer su parte al momento de tomarse las decisiones. Pero hay que darles algunos límites dentro de los cuales actúen. Por ejemplo, si la familia quiere ir al cine, podemos decir: *"Niños, lo primero que tienen que decidir es qué noche vamos a salir. Luego escojan una película de clasificación 'P' o 'PG' que nos guste a todos".*

Las siguientes son algunas ideas para una buena junta familiar.

Que las juntas sean cortas. No deben durar más de 10 a 15 minutos. Los temas deben ser sencillos para que se hablen o se resuelvan fácilmente.

Fijar una hora conveniente para la junta. Hay que escoger el momento más oportuno para todos. Podría ser el sábado por la mañana o el domingo durante la cena. A unas familias les gusta tener este reunión durante o después de la cena.

Que la junta familiar sea divertida. Habrá momentos en que será necesario tomar una decisión seria o tratar temas difíciles. Pero esto no debe ser frecuente. La junta familiar debe concentrarse en lo positivo, intercambiando información o elogiando lo bueno que están haciendo los miembros de la familia.

Usar la Instrucción Preventiva. Antes de la junta, enséñeles a sus hijos cómo plantear los temas de discusión. Practiquen la manera de expresar opiniones sin ofender a los demás. Practiquen cómo elogiar sin que suene falso o forzado. Y enseñe a sus hijos a dar y recibir críticas sin reaccionar exageradamente.

Dejar constancia escrita de las decisiones, horarios o temas. Pueden apuntarse en un cuaderno o se pueden exhibir en algún lugar bien visible. Muchos padres fijan los horarios o anuncios en la puerta del refrigerador.

Dejar que todos hablen. Se enseña cooperación, respeto y sensibilidad cuando se asegura que todos, desde el más pequeño hasta el más viejo, tengan voz en el funcionamiento de la familia.

Dar consecuencias positivas. Dé premios y elogios por escuchar a los demás, por no interrumpir, por traer buenas sugerencias o por ofrecer ayuda.

Aplique todos sus recursos como maestro o maestra durante las juntas familiares. Por ejemplo:

- Si uno de los niños recibe una pequeña crítica y comienza a discutir o a justificarse, aplique la Instrucción Correctiva.

- Si su hija no responde a la Instrucción Correctiva, aplique la Enseñanza del Dominio Propio.

- Use la Instrucción Preventiva antes de mencionar un tema sensible, o si su hijo tiene alguna dificultad para expresar sus opiniones delante de los demás.

- Use el sistema SOVES para resolver problemas.

Capítulo 15

Los Medios de Comunicación: ¿Amigos o Enemigos?

Nuestros hijos tienen oportunidades de estar mucho más informados sobre lo que ocurre en el mundo que nosotros en nuestra niñez. Los computadores y el Internet, la televisión por cable y las antenas de satélite ponen el mundo al alcance de nuestros hijos.

Hay películas y programas de TV muy útiles para los niños: los que despiertan la curiosidad y la imaginación son educativos a la vez que divertidos. Hay programas que les ayudan a crecer emocionalmente, a apreciar a los demás y a llevarse bien con otros. Hay películas y programas buenos y encantadores, repletos de mensajes positivos y diversión. Ver deportes nos ofrece emociones y drama. Los programas sobre la naturaleza nos enseñan sobre un mundo que rara vez vemos de cerca.

Eso es lo bueno. Ahora, lo malo.

Cualquier niño que sepa manejar un control remoto, poner una película, encender la radio o entrar al Internet tiene acceso a muchos programas y distracciones "para adultos" que exaltan la sexualidad, la violencia, las drogas y estilos de vida grotescos. Sin duda, lo que los chicos ven y oyen en los medios de comunicación los afecta.

Hay cientos de estudios sobre los efectos de la televisión en los niños. Estos han mostrado tres efectos negativos de la violencia en la televisión: Los niños pierden sensibilidad ante el dolor y el sufrimiento del prójimo; se pueden volver más temerosos del mundo que los rodea; y es más probable que actúen de modos agresivos o dañinos hacia otros. Esta agresividad puede expresarse, por ejemplo, pegándoles a sus compañeros, discutiendo, desobedeciendo las reglas y siendo irrespetuosos.

Los niños también pueden "enviciarse" a la televisión o el computador. Hay ciertos indicios de que un chico está dedicando demasiado tiempo a la televisión o al computador, por ejemplo: tiene la TV o el computador prendido todo el tiempo, prefiere la TV o los juegos de computador a los juegos con los amigos, su tema de conversación son los programas o personajes de la televisión, se "olvida" de hacer las tareas o las labores caseras por culpa del computador o la televisión, o se pone a ver televisión "por hacer algo".

Muchos medios de comunicación, incluso la TV, recurren al sensacionalismo para captar nuestra atención. Muchas películas traen escenas chocantes de sexualidad y violencia. Cuando los niños se acostumbran a oír y ver los temas de la sexualidad y la violencia como una distracción, pueden empezar a creer que así es la vida real.

La cultura popular se presenta en los medios de comunicación, y allí los adolescentes se forman ideas sobre lo que está de moda y lo que no está. Lo ven y escuchan no solamente en la TV y el cine sino en la radio, conciertos de rock, revistas, carteles, redes de computador, programas de entrevistas, discos CD y cassettes. El bombardeo constante puede ser arrollador. Los medios de comunicación se esfuerzan – a veces abiertamente, a veces sutilmente – por formar las actitudes y la conducta de los jóvenes.

Los padres no tienen que sentirse inútiles ante la influencia dañina de los medios de comunicación. Las siguientes pautas les ayudarán a hacer un plan para proteger a sus hijos de ese impacto negativo. Considerando el poder tan fuerte de la TV y su poderoso efecto sobre los niños, muchos de estos consejos se referirán a lo que pueden hacer los padres en casa para limitar los efectos de la televisión.

Dar un buen ejemplo. Los padres influyen mucho en los hábitos de sus hijos. Si usted ve mucha TV, es posible que sus hijos hagan lo mismo. Además, el tipo de programas que usted ve influye en lo que ellos escogen para ver. Si usted se ríe de las palabras soeces y los chistes sexualmente sugestivos de una comedia, su hijo de siete u ocho años quizá pensará que ese tipo de humor y lenguaje son aceptables. Convendría apagar la televisión o escoger mejor los programas que vemos.

Limitar el tiempo de TV de los hijos. Ver TV no es un derecho sino un privilegio, y los padres deben controlarlo. Algunos expertos recomiendan limitar la TV a una hora para niños preescolares y dos horas para niños en edad escolar. El tiempo puede aumentarse poco a poco para adolescentes.

Otros piensan que es mejor apagar la TV entre semana y limitarla a un par de horas en los fines de semana. Si limitamos el tiempo que nos hijos pueden dedicar a la TV, generalmente lo pensarán mejor para escoger sus programas.

Ofrecer otras opciones. Encuentre otras actividades para remplazar la televisión. Siéntese con sus hijos y hagan una lista de cosas para hacer.

¿Cómo se controla la TV cuando los padres no están en la casa? Asegúrese de que sus hijos tengan alguna actividad concreta, como labores caseras, arreglar el jardín, jugar con los vecinos o completar las tareas. Cuando los niños tienen tiempo libre sin supervisión, es muy posible que lo pasen viendo TV.

Que la televisión venga después de la lectura y las tareas. Si usted va a darles permiso para que vean TV entre semana, deben terminar primero sus labores caseras o sus tareas.

Analizar lo que están viendo o escuchando los hijos. Pregúntese: *"El mensaje que dan aquí ¿es uno que* *yo quiero que mis hijos aprendan?"* Si el mensaje no es nocivo, ¿es divertido o entretenido, de modo que le brinda al niño una diversión sana?

Anime a sus hijos a escoger programas de calidad. Busque programas específicos diseñados para la edad de sus hijos. Busque programas que estén muy recomendados por los expertos. Lea las reseñas de cine, TV y música para conocer el contenido y la calidad. Algunos programas traen advertencias sobre el contenido. Preste atención a lo que dicen esas advertencias al decidir si un programa es apropiado para sus hijos.

Ver TV y cine con sus hijos. Si los acompañamos a mirar, podemos filtrar los mensajes que reciben y aclararles los temas difíciles.

Varios estudios demuestran que si una persona no tiene experiencia directa con el tema que se está presentando en la TV o el cine, su tendencia es creer lo que ve. Por ejemplo, a veces los medios de comunicación presentan estereotipos de ciertas personas o ambientes sociales.

Al ver TV con sus hijos, usted puede explicarles la diferencia entre lo que la TV nos dice y vende, y lo que realmente es la vida. Y cuando sus hijos le cuentan lo que aprendieron de un programa usted sabe si realmente lo captaron.

Enseñarles a analizar los mensajes. Muchos niños y adolescentes no piensan en lo que están viendo. Podemos enseñarles a juzgar si los mensajes son de calidad o si son basura, si son correctos o falsos. Hable de las relaciones que se ven entre los protagonistas, qué hay bueno y malo en el contenido, y que hay bueno y malo en los mensajes del programa. Hágales ver el dolor causado por la violencia, el alcohol y las drogas. Enséñeles cómo los comerciales lanzan imágenes que no son reales pero sí atractivas para hacernos comprar sus productos.

Capítulo 16

Destrezas Sociales

Hasta ahora hemos hablado de cómo instruir a sus hijos. Las destrezas sociales son aquello que les enseñamos. Las destrezas sociales son secuencias de acciones específicas que nos ayudan a tratar bien a los demás y a tomar decisiones correctas en una situación social. Piense en lo que usted hace cuando le presentan a alguien. Seguramente se pone de pie, mira a la persona, le da un apretón de manos firme, y le dice su nombre y algo así como: *"Mucho gusto de conocerlo"*. Este es un ejemplo de una serie de acciones unidas en una secuencia. Esta secuencia es la destreza social de presentarse a alguien.

Nuestros hijos también deben adquirir destrezas sociales. Veamos unos ejemplos de cómo los padres pueden aplicar las técnicas de *La Crianza Práctica de los Hijos* para enseñar las destrezas sociales y elogiar a sus hijos cuando las usan bien.

Mamá le pide a Larry que saque la basura y él responde diciendo: *"¿Por qué la tengo que sacar siempre"?* Mamá puede aplicar Instrucción Correctiva para enseñarle la destreza social de seguir instrucciones.

Papá está en la cocina. De pronto, Toño entra corriendo y le dice que se va adonde un amigo. Papá responde que la cena está casi lista y que el chico debe quedarse. Toño empieza a refunfuñar. Papá puede aplicar la Instrucción Correctiva para enseñarle la destreza social de aceptar el "no".

Ahora veamos el ejemplo de una madre que aplica Instrucción Preventiva para enseñarle a Jaime, su hijo de ocho años, a aceptar el "no". En el pasado, cuando le ha dicho "no" a su hijo, él se ha puesto a discutir, a gemir o a hacer mala cara. Esta conducta ha causado problemas no sólo en la casa sino también en la escuela.

Los siguientes son los pasos que Mamá usa para enseñarle a Jaime a aceptar un "no":

1. Mirar a la persona.

2. Decir: "Bueno".

3. Con calma, preguntar la razón si realmente no entiende.

4. Si no está de acuerdo, poner el tema más tarde.

Veamos cómo funciona la Instrucción Preventiva en esta situación:

Pasa 1. Describir lo que usted quiere.

Mamá – *"Jaime, como la escuela va a comenzar pronto, quiero hablar contigo de algunas cosas".*

Jaime – *"Está bien".*

Mamá – *"Tú sabes que a veces vas a querer hacer algo y la maestra te va a decir "no".*

Jaime – *"Sí, esto ya ha pasado, especialmente con la profesora Smith".*

Mamá – *"Exactamente, Jaime. Por eso quiero practicar contigo cómo aceptar un "no". Digamos que la profesora Smith acaba de decirte que "no". Lo primero que tienes que hacer es mirarla. No mires ni para abajo ni para el otro lado. ¿Entendido?"*

Jaime – *"Sí".*

Mamá – *"Después de mirarla, tienes que decirle: 'Sí, señora' en buen tono."*

Jaime – *"Está bien".*

Mamá – *"Muy bien. Si realmente no entiendes por qué te dijo "no", entonces pregúntale la razón con calma. Pero solamente si no entiendes. ¿Está bien?"*

Jaime – *"Sí, entiendo".*

Mamá – *"Excelente. Si no estás de acuerdo con la respuesta que ella te da, puedes hablar con ella de eso después."*

Paso 2. Dar una razón.

Mamá – *"Si aprendes a aceptar el 'no' sin discutir, entonces tu maestra estará más dispuesta a escuchar lo que quieres decirle. ¿Sí me entiendes?"*

Jaime – *"Sí, ya entiendo".*

Paso 3. Practicar.

Mamá – *"Bueno, digamos que yo soy la profesora Smith y que tú me vas a pedir permiso para usar el computador".*

Mamá y Jaime practican varias situaciones que pueden presentarse en la escuela. A medida que Jaime practica, Mamá ve dónde lo hace bien y dónde tiene dificultad. Por ejemplo, tal vez el tono de voz suene duro o negativo, o tal vez el chico esté muy inquieto mientras habla.

Note también que Mamá escogió un momento para dar Instrucción Preventiva cuando Jaime estaba en ánimo de cooperar y no estaba ocupado en otra cosa. Además, ella usó un tono de voz tranquilo, como de conversación.

Notemos también que Mamá le preguntó varias veces si había comprendido. Al enseñar una destreza, asegúrese que los pasos sean fáciles de entender y que estén al alcance del niño.

En otras situaciones, habrá que aplicar Instrucción Correctiva para enseñar destrezas sociales. Por ejemplo, supongamos que Papá oyó que su hija Lisa, de 10 años, ofendía a su hermana diciéndole "estúpida" e "idiota". En el siguiente ejemplo, él va a usar Instrucción Correctiva para enseñarle a Lisa la destreza de pedir ayuda.

Paso 1. Suspender la mala conducta.

Papá – *"Lisa, cuando entré al cuarto oí que le decías a Patricia 'estúpida' e 'idiota'. Estoy seguro que eso la ofendió, ¿no crees?"*

Lisa – *"Pero Papá, ella me estaba molestando"*.

Papá – *"Eso puede ser cierto, pero el problema no lo vas a resolver diciéndole cosas ofensivas"*.

Paso 2. Dar una consecuencia.

Papá – *"Por haber ofendido a Patricia, quiero que le pidas disculpes y que luego le ayudes a recoger los juguetes de su cuarto"*.

Lisa – *"Ah, pues está bien"*.

Paso 3. Describir lo que queremos.

Papá – *"Cuando Patricia te esté molestando, piensa qué es precisamente lo que te irrita. Luego pídele que pare. Si ella sigue haciendo cosas que te molestan, ven a mí o adonde Mamá y pide ayuda para resolver el problema. ¿De acuerdo?"*

Paso 4. Practicar lo que queremos.

Papá – *"Antes de pedirle disculpas, muéstrame cómo me vas a pedir ayuda cuando Patricia te moleste"*.

Lisa – *"Bueno, debo decirte algo como: 'Papá, Patricia me está quitando los juguetes y sacando la lengua. Le pedí que parara pero no quiere. ¿Me puedes ayudar?"*

Enseñe cada destreza paso a paso. En las siguientes páginas describimos algunas destrezas sociales importantes. Explíqueles a sus hijos cuándo pueden usar estas destrezas y cómo les van a servir.

El aprendizaje de las destrezas sociales debe ser divertido. Elogie a los niños o prémielos con algo especial por haberse tomado el tiempo de aprender.

Por último, sea pacienta. Después de aprender una destreza nueva, el niño quizá necesite tiempo para sentirse cómodo usándola – para que se convierta en algo propio. El aprendizaje de destrezas nuevas es un proceso continuo.

Recibir Críticas

Cuando otros te dicen cómo piensan que puedes mejorar, te están dando una crítica. Al recibir críticas:

1. **Mira a la persona.** No pongas cara negativa.

2. **Quédate tranquilo y en silencio mientras la persona habla.**

3. **Muestra que entiendes** ("Está bien" o "Entiendo").

4. **Trata de corregir el problema.** Si te piden que hagas algo diferente, hazlo. Si te piden que dejes de hacer algo, deja de hacerlo. Si no puedes dar una respuesta positiva, por lo menos da una respuesta que no te traiga problemas ("Bueno", "Entendido" o "Gracias").

Cuando eres capaz de recibir críticas, muestras que eres maduro y evitas problemas con las personas de autoridad. Si eres capaz de controlarte y escuchar lo que otros dicen sobre cómo tú puedes mejorar, tendrás menos problemas. ¡Y tal vez la crítica te ayude!

Consejos prácticos:

- Es importantísimo que conserves la calma. Si es necesario, respira profundamente.

- Si criticas, te enojas o muetras una expresión negativa en la cara, vas a tener más problemas.

- Cuando respondas a la persona que te está criticando, usa el tono de voz más agradable que puedas. Vas a recibir críticas el resto de la vida –

todo el mundo recibe críticas. Tu manera de reaccionar determinará cómo otras personas te van a tratar.

- La mayoría de las críticas son para ayudarte. Sin embargo, a veces es difícil aceptarlas. Si no estás de acuerdo con la crítica, pregúntame a mí o a otro adulto de confianza.

- Si no entiendes, haz preguntas. (Pero no hagas el jueguito de hacer preguntas cuando sí entiendes y solamente quieres ser terco.) Tienes la oportunidad de mejorar – ¡aprovéchala!

Aceptar el "No"

1. **Mira a la persona.**

2. **Di: "Bueno".**

3. **Con calma, pregunta la razón si realmente no entiendes.**

4. **Si no estás de acuerdo, plantea el tema más tarde.**

Muchas veces en la vida, te van a dar un "no". Si te enojas, esto te traerá más problemas. Si eres capaz de aceptar el "no" correctamente, la gente te verá como una persona madura y que sabe cooperar.

Consejos prácticos:

- No mires fijamente ni hagas caras ni mires para otro lado. Si estás molesto, controla tus emociones. Trata de relajarte y conservar la calma. Si escuchas atentamente, entenderás mejor lo que la persona está diciendo.

- Responde inmediatamente, hablando con claridad. Si te sientes molesto, respira profundamente.

- No preguntes la razón todas las veces, para no tener fama de quejumbroso. La persona verá que realmente quieres saber la razón si preguntas con calma. No sigas pidiendo razones cuando ya te han dado una. Usa en el futuro lo que aprendes en estas situaciones.

- Toma tiempo para planear qué le vas a decir a la persona que te dijo "no". Planea de antemano lo que le vas a decir. Acepta la respuesta aunque siga siendo "no". Acuérdate de agradecerle por escucharte. Por lo menos tuviste la oportunidad de dar tu opinión.

Mostrar Desacuerdo

Cuando no estés de acuerdo con la opinión o decisión de otra persona, debes:

1. **Conservar la calma.** Si te alteras, se van a empeorar las cosas.

2. **Mirar a la persona.** Esto muestra que tienes confianza.

3. **Comenzar diciendo algo positivo o neutro.** "Sé que usted quiere ser justo, pero..."

4. **Explicar por qué no estás de acuerdo con la decisión.** Habla en un tono de voz parejo y controlado. Sé breve y claro.

5. **Escuchar mientras la otra persona explica su versión.**

6. **Aceptar con calma la decisión que se tome.**

7. **Agradecer a la persona por escuchar, cualquiera que sea el resultado.**

Es importante mostrar tu desacuerdo de una manera calmada, porque así es más probable que la otra persona te escuche. Esta puede ser tu única oportunidad de lograr que cambie su decisión. Tienes el derecho de expresar tus opiniones, pero pierdes ese derecho si te alteras o te pones agresivo. Si la otra persona cree que vas a perder tu dominio propio, es muy difícil que logres comunicarle tus ideas.

Consejos prácticos:

- No vas a ganar siempre. Algunas decisiones no van a cambiar. Pero si aprendes a expresar tu desacuerdo con calma, tal vez cambies algunas de ellas.

- No trates de cambiar todo. La gente va a creer que eres fastidioso.

- Si hablas de manera calmada y específica cuando estás en desacuerdo, las personas van a respetarte por la madurez con que manejas las situaciones. ¡A la larga te conviene!

Seguir instrucciones

Cuando te dan instrucciones, tú debes:

1. **Mirar a la persona que está hablando.**

2. **Indicarle que entiendes** (*"Entiendo"*, *"Está bien"* o *"Sí lo haré"*). Espera que la persona termine de hablar antes de hacer lo que te pide. Generalmente es mejor responder, pero a veces un gesto de la cabeza es suficiente para mostrar que has entendido.

3. **Haz lo que te pidieron lo mejor que puedas.**

4. **Dile a la persona cuando lo hayas cumplido.**

Es importante hacer lo que te piden porque esto muestra que eres capaz de cooperar, y además ahorra tiempo. Cuando sigues instrucciones, esto te ayuda en la escuela, en la casa, con adultos y con tus amigos.

Consejos prácticos:

- Cuando sepas exactamente lo que te piden, comienza a hacerlo inmediatamente.

- Si no entiendes, o si dudas de lo que te están pidiendo porque crees que podría traerte una consecuencia negativa, pregúntale a algún adulto de confianza.

- Haz de buen modo lo que te piden.

- Avisa tan pronto como terminas. Así es más probable que se den cuenta de tu trabajo bien hecho. Además, van a ver que está bien hecho antes que llegue otra persona y lo dañe.

Pedir Permiso

Cuando necesitas que alguien te dé permiso, debes:

1. **Mirar a la persona.**

2. **Ser específico al pedir el permiso.** La otra persona necesita saber exactamente qué es lo que pides.

3. **Acordarte de pedir, no exigir.** *"¿Por favor puedo..."*

4. **Dar razones si es necesario.**

5. **Aceptar la decisión.**

Es importante pedir permiso siempre que quieras hacer algo o usar algo de lo cual otra persona es responsable. Al pedir permiso, muestras que tú respetas a los demás y mejoras la posibilidad de que te concedan el permiso.

Consejos prácticos:

- Para usar algo que no te pertenece, siempre conviene pedir permiso. No importa que sea una bolsa de papas fritas o una bicicleta – ¡pide permiso!

- A veces no van a acceder en lo que quieres. Pero si has pedido de manera correcta y cortés, es más probable que accedan la próxima vez.

- Será bueno que pienses cómo te sentirías si alguien usara tus cosas sin permiso. Te parecería que esa persona no respetaba tus cosas y que no era cortés. Además, te preocuparía pensar que el objeto se rompiera o se perdiera.

Pedir Disculpas

Cuando has hecho algo que ofende a otra persona o que produce consecuencias negativas para otro, debes pedir disculpas.

1. **Mira a la persona.** Así muestras confianza.

2. **Dile lo que lamentas.** *"Siento haber dicho eso".* *"Lo siento, no escuché lo que dijiste".*

3. **Si la persona te dice algo, respóndele con algo positivo.** *"¿Puedo hacer algo en desagravio?"* o bien: *"No volverá a suceder".*

4. **Agradece a la persona por escuchar, aunque no haya aceptado tus disculpas.**

Es importante pedir disculpas porque esto muestra que te das cuenta de los sentimientos de los demás. Y es posible que a cambio, los demás también tengan en cuenta los sentimientos tuyos. Cuando pides disculpas, muestras que tienes la responsabilidad de reconocer tus errores.

Consejos prácticos:

- Negarse a pedir disculpas es fácil. El que sea capaz de pedir perdón muestra que tiene valor y madurez.

- Convéncete que lo mejor que puedes hacer es pedir disculpas. ¡Luego hazlo!

- Si la otra persona está enojada contigo, tal vez no te responda muy bien en el momento. Debes estar preparado para aceptar lo que la otra persona diga. Confía en que lo que estás haciendo es lo correcto.

- Cuando las personas recuerden tus palabras después, verán que fuiste capaz de aceptar tu error. Tendrán un mejor concepto de ti en el futuro.

- El hecho de pedir disculpas no va a borrar lo que hiciste mal. Pero a la larga, ayuda a que la persona cambie su opinión de ti.

Dar Elogios

Cuando dices algo bueno sobre alguien, debes:

1. **Mirar a la persona.**

2. **Darle el elogio.** Decirle exactamente qué fue lo que te gustó.

3. **Responderle a la persona.** Si dice *"Gracias"*, respondes *"De nada"*.

Dar elogios muestra que te das cuenta de los logros de otros. Muestra que eres amigable; a la gente le gusta estar con alguien simpático y que dice cosas agradables. También muestra que tienes confianza en tu capacidad para hablar con otros.

Consejos prácticos:

- Antes de dar el elogio, piensa en las palabras exactas que quieres usar. Así tendrás más confianza y no tendrás que buscar palabras en el momento.

- Habla con sinceridad. Los demás saben cuándo uno es sincero y cuándo es falso.

- No exageres. Un par de frases bastan. *"Hiciste bien..."* o *"Te fue muy bien en..."*

Es bueno sonreír y mostrar entusiasmo al dar un elogio. Así la otra persona siente que eres sincero.

Escuchar a los Demás

Cuando alguien está hablando, debes:

1. **Mirar a la persona que está hablando.**

2. **Estarte sentado o parado quieto.**

3. **Esperar a que la persona termine de hablar.** No interrumpas – parece que te estuvieras quejando.

4. **Mostrar que entiendes.** Di algo como: *"Está bien"*, *"Gracias"*, *"Ya veo"*, etc. O si no entiendes, pídele a la persona que aclare.

Es importante escuchar porque esto muestra cooperación y amabilidad. La gente estará más dispuesta a escucharte a ti. Y te será más fácil hacer lo correcto porque ya lo entendiste.

Consejos prácticos:

- Si te cuesta escuchar, piensa cómo te sentirías si los demás no te escucharan a ti.

- Trata de recordar todo lo que la persona dijo. Escríbelo si crees que te puedes olvidar.

- Cuando uno aprende a escuchar bien, le va mejor en el trabajo y en la escuela.

- No pongas cara negativa. Sigue mirando a la otra persona, y asiente con la cabeza o di algo de vez en cuando para que sepa que sigues escuchando.

Capítulo 17

La Presión de los Amigos

"Ven. Nadie se va a enterar, te lo prometo".

"Acompáñanos. Todos van a estar allí. Va a ser fantástico".

"No vayamos a la escuela hoy. Nos vamos a encontrar con otros amigos en la ciudad".

La presión de las amistades no va a desaparecer. Es un elemento inevitable en el proceso de maduración. Pero podemos enseñarles a nuestros hijos cómo manejarla.

Primero que todo, tener amistades y tomar decisiones independientes son cosas normales en la juventud. Aunque hablar de la "presión de los amigos" suena negativo, las amistades también pueden ser una influencia muy positiva. Los amigos pueden animar a nuestros hijos a hacer cosas buenas, a esforzarse más en sus

117

actividades escolares o extra-escolares y a evitar a otros hijos que quizá no les convengan. En este sentido, la presión de los amigos es muy sana.

Pero la presión no siempre es buena. En la adolescencia especialmente, hay muchas situaciones que pueden llevar a grandes problemas. El acceso a drogas y alcohol, el atractivo de las pandillas y la seducción sexual son apenas algunas de las cosas que preocupan a los padres. Pero hay maneras de contrarrestar la influencia negativa de las amistades.

Los siguientes consejos pueden ayudarles a sus hijos a evitar o manejar las influencias negativas de sus compañeros.

1. Pasar tiempo con sus hijos.

Ciertos estudios recientes indican que los niños muy unidos a sus padres están menos sujetos a las influencias negativas de otros hijos. Los hijos que tiene buenas relaciones con sus padres también confían más en sus propias capacidades y pueden resolver mejor los problemas. La instrucción que usted les dé, el tiempo que les dedique y el amor e interés que les manifieste van a fortalecer y mejorar su relación con ellos, y serán muy útiles cuando ellos tengan que tomar decisiones.

La única manera de tener tiempo con los hijos es proponerse hacerlo como asunto de prioridad. Programe el tiempo si es necesario; encuentre algo que les agrada a ellos y háganlo juntos. Cuanto más tiempo pase usted con sus hijos y cerca de ellos, mayor la posibilidad de que ellos le cuenten lo que está pasando en su vida y mayor será su oportunidad de guiarlos y prepararlos para combatir las presiones negativas de los compañeros y amigos.

2. Usar la Instrucción Preventiva y el sistema SOVES.

Parte del tiempo que usted pase con sus hijos debe aprovecharse para tratar los problemas e inquietudes que puedan surgir. Así tendrá la oportunidad de ofrecer consejos y de reforzar la moral y los principios de su familia – la esencia misma de lo que usted cree. Las normas de buena conducta de sus hijos se formarán según lo que usted enseñe y lo que usted diga y haga.

Con la Instrucción Preventiva, usted los prepara para los momentos en que tengan que tomar decisiones difíciles. Enséñeles a decir "no" y a sostenerse en lo dicho. Enséñeles a mostrar su desacuerdo de buen modo, a dar sus opiniones y a ayudar a sus amigos que necesiten ayuda.

Ayude a sus hijos a escoger frases cortas que puedan usar en ciertas situaciones. Por ejemplo, si alguien presiona a su hija adolescente para que se escape de la escuela un día, ella puede responder: *"No puedo. Quiero mantener buenas notas"*. Si nada más da resultado, puede decir que usted es la razón: *"Mis papás no me dejarían volver a salir en un mes"*. Muéstreles a sus hijos que ellos tienen muchas maneras de decir "no", si lo piensan bien de antemano.

Si los problemas con los compañeros persisten, aplique el método SOVES para encontrar soluciones factibles.

No hay una solución perfecta que sirva para todas las situaciones. Además, aunque usted y sus hijos practiquen cómo decir "no", esto no significa que sus amigos vayan a aceptar el "no" inmediatamente. Puede que insistan o molesten, o que persuadan y convenzan a sus hijos hasta que estos estén tentados a ceder. Por esto, hay que enseñarles a mantenerse calmados y confiados, y a insistir en sus respuestas. Este puede ser buen momento para tratar el tema de si los chicos que no respetan sus decisiones realmente son buenos amigos.

3. Escuche a sus hijos.

No les hable a sus hijos; hable con ellos. Por ejemplo, la hora de acostarse es buen momento para repasar el día y hablar de lo que está sucediendo en la vida de ellos. A la hora de la cena, los miembros de la familia también pueden intercambiar información. Para las familias que siempre están corriendo de un lado a otro, el tiempo en el automóvil es ideal para charlas familiares.

La manera como usted hable con sus hijos también es importante. Colóquese al nivel de sus ojos y elimine las distracciones. Hágales preguntas pero no un interrogatorio. Sea breve. No les dé un sermón. Ayúdeles a sentirse bien cuando le hablan a usted. Si temen su reacción, no estarán dispuestos a hablar mucho.

Puede haber momentos en que los niños hablen de manera deliberadamente vaga sobre algún problema que tengan con sus amigos o compañeros. No quieren delatarlos. Quizá tengan miedo de la reacción de usted. Al mismo tiempo, tal vez se sientan confundidos y en el fondo sí deseen su ayuda. Si usted escucha con calma, les hace preguntas breves para aclarar dudas y les muestra comprensión, ellos aprenderán a confiar en usted cuando tengan problemas.

También es sumamente importante elogiar a sus hijos cuando dicen lo que piensan y sienten, cuando resisten las influencias negativas, cuando le confían a usted una inquietud o le cuenten un problema. Refuerce las decisiones de ellos. Dígales que hicieron bien. Si las cosas no resultan tan bien como se esperaba, elógielos por tener el valor de intentarlo.

4. Supervise lo que hacen sus hijos.

Cuando decimos "supervisar", queremos decir: saber dónde están sus hijos, hacer que ellos avisen dónde están, con quién están y qué están haciendo. No queremos decir vigilarlos, estar encima ni observar todo lo que hacen.

Hemos trabajado con una madre de cuatro adolescentes. Ella fijó esta note en la refrigerador: *"Antes de pedirme permiso para salir, tienen que poder decirme a dónde van, cómo piensan ir y regresar, a qué hora estarán de vuelta, qué van a hacer y con quién van a estar"*. Esta madre tenía una buena idea de lo que estaban haciendo sus hijos cuando no estaban en casa. También les imponía siempre consecuencias por su conducta: consecuencias positivas cuando cumplían sus planes, negativa cuando no hacían lo que dijeron que iban a hacer.

Los amigos siempre tendrán una influencia en nuestros hijos, a veces buena, a veces mala. Pero reconozca que usted también tiene mucha influencia. Puede ayudarles a reconocer la presión mala de sus amigos y enseñarles qué hacer. Aunque usted piense que sus hijos ya han recibido la mala influencia de sus amistades, no es demasiado tarde para comenzar a cambiar y mejorar las cosas.

Capítulo 18

Ayuda Para el Éxito Escolar

Muchos de los problemas que los hijos tienen en la escuela se deben más a su conducta que a su capacidad académica. Cuando le va mal a un niño, muchas veces es porque no hace sus tareas o porque molesta en clase. Muchas veces, los mejores alumnos son los que se portan bien en clase. Siguen instrucciones, aceptan las críticas y se llevan bien con sus compañeros. Los alumnos con buenas destrezas sociales tienen mejor posibilidad de salir bien en lo académico.

Usted como padre o madre puede hacer muchas cosas en casa por mejorar la escolaridad y la conducta de su hijo en la escuela. Primero, puede asegurarse de que el niño sepa seguir instrucciones.

Segundo, los padres deben estar muy al tanto, diariamente, de la educación de sus hijos. Ciertos estudios han mostrado que el interés de los padres tiene mucho que ver con el éxito escolar. Usted puede preguntarles, para comenzar, cómo les fue en la escuela pero no siempre es fácil que los chicos den este tipo de información.

En vez de hacerle una pregunta que el niño o niña pueda contestar con una palabra, pídale que le muestre o le diga algo específico. Por ejemplo si pregunta: *"¿Cómo te fue en la escuela hoy?"*, el chico puede contestar con una palabra. Es mejor decir: *"Muéstrame lo que hiciste en la escuela hoy"* o bien: *"Cuéntame qué hicieron en matemáticas hoy"*. Cuando preguntamos sobre ciertos aspectos de la escuela que sabemos le agradan, abrimos la puerta para que también hable de otros temas escolares. Por ejemplo, pregúntele cómo le va a algún compañero de clase. Pregúntele qué maestro o qué cursos le gustan o disgustan más.

Abajo damos otras cinco maneras de participar en la educación de sus hijos.

1. Fije horas para las tareas escolares.

- Establezca un sitio central para hacer las tareas. El lugar debe tener una superficie de trabajo limpia (la mesa de la cocina o un escritorio en el cuarto del niño).

- Mantenga el área lo más silenciosa que pueda mientras los chicos estudian. Apague la radio y la televisión. Distraiga a los más pequeños leyéndoles un cuento o hágales jugar afuera mientras sus hermanitos mayores estudian.

- Fije cierto tiempo de estudio cada noche entre semana. Para los de escuela elemental, el tiempo de estudio puede ser de 30 a 45 minutos; para los de séptimo u octavo grado, de 45 a 75 minutos; y para los de noveno a doce se recomienda 60 a 90 minutos o más.

- Si un niño tiene dificultad para concentrarse por tiempo largo, divida su tiempo de estudio en períodos más cortos. Algunos chicos, especialmente los más pequeños, pueden hacerlo mejor si estudian 15 minutos, descansan un poquito y luego estudian otros 15 minutos.

- Programe la hora de estudio para que cuadre bien en la rutina suya y de sus hijos. Para algunos niños, el mejor momento para hacer tareas es tan pronto como llegan de la escuela. Pero si los padres trabajan fuera de la casa, les quedará difícil supervisar y ayudar con las tareas a esa hora. Para estas familias quizá sea mejor un horario más tarde, en horas que no coincidan con las actividades extra-escolares ni con el programa de televisión preferido de los niños.

- Al fijar la hora de estudio, recuerde que los niños deben hacer sus tareas primero, y luego podemos concederles privilegios como ver televisión, hablar por teléfono o ir adonde un amigo.

- Si los niños no traen tareas a casa, o si dicen que terminaron todas sus tareas en la escuela, pueden hacer proyectos para ganar crédito adicional, o leer libros, revistas o diarios. El objetivo es que estén aprendiendo.

A continuación sugerimos algunas actividades para los niños cuando dicen que no tienen tareas para la hora de estudio.

- Leerle en voz alta a su hermanito o hermanita.

- Leer un artículo del periodico sobre hechos mundiales, nutrición, problemas de la adolescencia u otro tema interesante.

- Escribir cartas a los abuelos, amigos o parientes.

- Recortar cupones y sumar el dinero ahorrado.

- Escribir en un diario personal.

2. Ayudarle al hijo con sus tareas.

Muchos padres se sienten incapaces de ayudar con quebrados, física o análisis gramatical. Pero hay cosas que pueden hacer para ayudarles a sus hijos a completar sus tareas.

Primero, estar allí, atentos a la oportunidad de elogiarlos por dedicarse seriamente a sus tareas.

Segundo, dar un buen ejemplo. Leer un libro, escribir una carta, reconciliar la chequera o hacer una lista de mercado mientras ellos estudian. Cuando hay preguntas que usted no pueda contestar (y seguramente van a surgir), el niño puede llamar a algún compañero o maestro. Luego pida que le explique la respuesta a usted para que ambos comprendan lo que está haciendo.

Tercero, ayúdeles a organizar su tiempo y materiales para las tareas. Tal vez necesiten un cuaderno para anotar las asignaciones.

Por último, tienen que comenzar a estudiar a la hora fijada. A los chicos generalmente les va mejor si tienen una rutina.

3. Manténgase en contacto con los maestros de sus hijos.

Comience por asistir a la reunión de padres y maestros que casi todas las escuelas ofrecen al comienzo del año escolar. Explíquele a la maestra que usted quiere estar informado del progreso de su hijo y que tal vez la llame en sus horas libres si no le incomoda. Luego, al cabo de la primera semana llame a la maestra y pregunte cómo va su hijo. También puede explicarle algunas de las destrezas que usted le está enseñando al chico, por ejemplo seguir instrucciones y pedir ayuda. Hable de cómo la maestra puede ayudar con destrezas similares en la escuela. Manténgala informada de los hechos importantes en la vida del niño, por ejemplo la muerte de algún familiar u otras situaciones emocionales. Siempre agradezca a los maestros por su labor y por el tiempo que dedican a sus hijos.

Los padres y madres generalmente esperan a que los maestros los llamen. Considerando que un maestro tiene muchos alumnos, generalmente no tiene tiempo de llamar a los padres sino cuando las cosas van mal. Si su hijo o hija tiene problemas en la escuela, le conviene a usted llamar a comienzos del año escolar para oír algo positivo. Cuando reciba buenas noticias, no olvide mostrarle al hijo que esto es muy importante. Cuando hay problemas, es el momento de acudir a la Instrucción Correctiva, SOVES o un contrato.

4. Uso de notas para vigilar el progreso del niño.

Las notas a los maestros pueden ser formales o informales. Una nota formal podría indicar los cursos del niño, con un espacio para que el maestro comente cómo le va en la clase o en sus tareas. El maestro llena la tarjeta periódicamente y la devuelve con el alumno. Las notas pueden ser diarias, semanales o mensuales.

Es bueno que la información en la nota sea breve y específica. Hágala simple para que la maestra pueda rodear con un círculo las conductas positivas o negativas enumeradas en la nota. Pídale que ponga sus iniciales en la nota o en las conductas que ha marcado, y que llame a los padres si necesita darles información más detallada.

Algunos padres han visto que conviene relacionar la conducta escolar con ciertos privilegios. A veces escriben un contrato donde constan los premios que los niños recibirán si cumplen la conducta acordada.

Algunos padres quieren enterarse de la conducta de sus hijos pero no quieren que el chico lleve una nota todos los días. En estos casos, pueden mandar una nota informal al maestro, pidiendo información. Estas notas también pueden ser del maestro a los padres. En cualquier caso, los adultos están intercambiando información sobre el trabajo escolar o el comportamiento.

5. Colabore con los maestros para resolver problemas.

Muchos padres se ponen nerviosos cuando la escuela los cita para hablar de algún problema. Abajo damos

Estimada Sra. Martínez,
Estamos tratando de ayudar a Miguel a mejorar en sus clases. Por favor marque "sí" o "no" en cada comportamiento. Escriba después sus iniciales y envíe esta nota a casa con Miguel cada día. Gracias.

Sra. Jiménez

	L	M	M	J	V
1. Permanece sentado	s/n	s/n	s/n	s/n	s/n
2. Sigue instrucciones	s/n	s/n	s/n	s/n	s/n
3. Entrega tarea	s/n	s/n	s/n	s/n	s/n
Iniciales					

Maestros,
Estamos tratando de ayudar a Miguel a mejorar en todas sus clases. Por favor escriban si Miguel hizo estas cosas durante la semana pasada y escriban sus iniciales. Favor de llamarnos al 555-1070 si tienen alguna pregunta.

Periodo	En Clase a Tiempo	Terminó su Tarea	Siguió Instrucciones	Iniciales del Maestro
1				
2				
3				
4				
5				
6				
7				
8				

una lista de consejos para los padres cuando reciban estas llamadas.

- Primero, tranquilícese. Usted puede ayudarle a su hijo mucho más si conserva la calma y se concentra en una solución al problema durante la reunión con los maestros y administradores.

- Entérese de cuál es el problema exactamente. Si la maestra o el administrador no lo explica claramente, usted debe hacer preguntas específicas para aclararlo. No se trata de negar que el problema ocurrió, sino de comprender cuál es el problema.

- Pregunte a los maestros y administradores si tienen alguna sugerencia para resolver el problema o mejorar la situación. Ellos tienen experiencia con muchos niños y tal vez tengan buenos métodos para manejar el problema constructivamente.

- Ofrezca sus sugerencias para resolver el problema o mejorar la situación. Confíe en su instinto; nadie conoce a su hijo mejor que usted. Esté dispuesto a escuchar ideas nuevas del personal de la escuela, pero ofrezca también su opinión sobre la solución propuesta.

- No tome partido ni defienda la conducta de su hijo. Recuerde que su meta al reunirse con el maestro o administrador escolar es recibir información, resolver el problema inmediato y buscar maneras de ayudarle a su hijo a hacerlo mejor en el futuro. Luego esfuércese al máximo, y haga que su hijo también se esfuerce, por cumplir el plan acordado.

- Agradezca al personal de la escuela por su tiempo e interés. Estas citas con los padres son tensionantes para todos. Dígale al persona que usted agradece sus esfuerzos por el bien de su hijo.

La escuela implica una serie de cambios para sus hijos. Pasan del preescolar a la escuela elemental, de allí a la escuela media y secundaria, y luego a un trabajo, escuela vocacional o universidad. Además, cada año el niño tiene que hacer la transición de sus juegos de verano al salón de clase. A lo largo del día, tiene que pasar de un curso a otro o de un salón de clase a otro. Abajo ofrecemos algunas ideas que los padres nos han dado para ayudarles a los niños en estas transiciones:

- Sea positivo en lo que tenga que ver con la escuela. Hable con los hijos de las cosas buenas que suceden allí. Cuente algunas experiencias buenas que usted tuvo en la escuela.

- Comience a hablar de la escuela lo más pronto posible en la vida del niño. Fije la expectativa de que su niño o niña recibirá una buena educación.

- Esté preparada para que su hijo sufra alguna tensión por la escuela, los exámenes, las amistades o las tareas. Cuando hable de sus dificultades, sea comprensiva.

- Escuche a sus hijos y lo que ellos le cuentan sobre la escuela. A veces les aprovecha simplemente poder contar lo que está pasando en su vida. Respáldelos y présteles atención.

- Visite la escuela de sus hijos. Conozca la jornada escolar, los administradores y naturalmente los maestros de sus hijos.

- Elogie lo bueno que hagan sus hijos. Resalte especialmente su éxito en resolver problemas.

Notas